Redéfinir la fonction finance-contrôle

en vue du XXIe siècle

Les Éditions
TRANSCONTINENTAL inc.
1100, boul. René-Lévesque Ouest
24ᵉ étage
Montréal (Québec)
H3B 4X9
Tél. : (514) 392-9000
        1 (800) 361-5479

Révision :
    Marie-Claude Lavallée et Pascal Saint-Gelais

Correction d'épreuves :
    Serge Gendron

Conception graphique de la couverture :
    Lucie Chabot

Photocomposition et mise en pages :
    Ateliers de typographie Collette inc.

Dépôt légal – 1ᵉʳ trimestre 1995
    Bibliothèque nationale du Québec
    Bibliothèque nationale du Canada

ISBN 2-921030-83-7

Redéfinir la fonction finance-contrôle

en vue du XXIe siècle

Hugues Boisvert,
Marie-Andrée Caron
et leurs collaborateurs

Les Éditions
TRANSCONTINENTAL inc.

À Andrée-Anne
et Alexandre

À propos des auteurs

Hugues Boisvert, Ph.D., C.M.A.,
   professeur titulaire, École des Hautes Études Commerciales de Montréal,
   associé universitaire pour Arthur Andersen & Cie

Marie-Andrée Caron, M.Sc., C.G.A.,
   chargée de cours, École des Hautes Études Commerciales de Montréal

Marcel Côté,
   professeur titulaire, École des Hautes Études Commerciales de Montréal

Richard Déry, Ph.D.,
   professeur agrégé, École des Hautes Études Commerciales de Montréal

Remerciements

Je remercie chaleureusement mes deux collègues de l'École des Hautes Études Commerciales, Marcel Côté et Richard Déry, pour avoir accepté d'écrire un chapitre de ce livre. Marcel Côté est pour moi l'exemple vivant du renouvellement continu. Nous pouvons suivre l'évolution de sa pensée par celle de ses nombreux écrits, depuis le moment où il enseignait aux HEC sur la rue Viger. Richard Déry, avec qui j'ai la chance d'être associé dans divers projets depuis sept ans, est celui qui, parmi mes collègues, a su le mieux me stimuler sur le plan de la recherche et du développement, grâce à ses suggestions avisées et originales.

Je remercie Marie-Andrée Caron, qui a rédigé les deux chapitres du livre basés sur les entrevues prépara-toires au colloque intitulé *Reconstruire la fonction finance-contrôle en vue du XXIᵉ siècle : du commandement à la sentinelle*, soit le chapitre sur les macroconcepteurs et celui sur les micropraticiens. Elle a de plus participé à la conclusion du livre et révisé tous mes textes. Par ses recherches et sa réflexion, elle a certainement influencé une bonne partie du contenu de ce livre. Je la remercie pour son professionnalisme et la qualité de ses com-mentaires.

Je remercie Luc Martin, associé chez Arthur Andersen & Cie, pour avoir eu l'idée de me proposer ce projet tout en m'offrant de financer une partie de la recherche essentielle à la préparation d'un contenu de qualité. Ce geste aura porté fruit, car en plus du colloque tenu le 28 novembre 1994, cette recherche aura mené à la publication de ce livre.

Je remercie John Babiak, de Plastiques M & R, Louiselle Paquin, de SITQ Immobilier, Robert Harritt, du groupe Ro-Na ltée, Carole Lamoureux, d'Hydro-Québec, et Alain Quenneville, de SÉCAL, qui ont bien voulu nous accorder une entrevue, relire le compte rendu que nous en avions fait, puis venir nous faire part de leur expérience respective à l'occasion du colloque. Enfin, je remercie aussi René Garneau qui a animé de main de maître la table ronde du colloque du 28 novembre 1994.

Je remercie le Groupe C.M.A., la Société des comptables en management du Canada, en particulier Bill Langdon, et l'Ordre des comptables en management accrédités du Québec, en particulier François Renauld, de m'avoir toujours appuyé lorsque je leur en ai fait la demande. Je remercie aussi le Centre de perfectionnement de l'École des HEC (CPHEC) pour son professionnalisme dans l'organisation de la logistique du colloque du 28 novembre dernier, particulièrement mesdames Lise Cloutier et Francine Lamarche.

En mon nom et en celui de Marie-Andrée, je remercie enfin Sylvain Bédard et Les Éditions TRANSCONTINENTAL pour leur appui et leur collaboration dans ce projet.

Mes derniers mots s'adressent à vous, participants au colloque et futurs lecteurs. Je vous remercie tous de me faire confiance encore une fois.

À une prochaine fois, et bonne lecture.

Hugues Boisvert
École des Hautes Études Commerciales
de Montréal

Préface

Les activités concernant la documentation et le déroulement du colloque intitulé *Reconstruire la fonction finance-contrôle en vue du XXIᵉ siècle : du commandement à la sentinelle* nous ont amené à la rédaction de ce livre. Ce colloque a eu lieu le 28 novembre dernier à l'École des Hautes Études Commerciales, et 185 personnes y ont participé. Ce livre a comme objectif d'amorcer une réflexion sur un sujet d'actualité. Le gestionnaire, œuvrant au sein de la fonction finance-contrôle ou ailleurs dans l'entreprise, de même que le professeur-chercheur en contrôle de gestion, sont interpellés par cette reconstruction. Nous vous proposons un voyage à la recherche de l'identité du contrôleur de gestion du XXIᵉ siècle, un voyage ponctué d'arrêts, tantôt du côté des praticiens de la fonction finance-contrôle, tantôt du côté des professeurs-chercheurs. Cette recherche d'identité s'inscrit dans la logique d'une imminente reconstruction de la fonction finance-contrôle.

D'entrée de jeu, Hugues Boisvert soulève la question de la reconstruction de la fonction finance-contrôle, au chapitre 1. En effet, pourquoi vouloir reconstruire ? Il présente, au chapitre 2, une image visionnaire du contrôle de gestion au XXIᵉ siècle et aborde l'apport éventuel de la fonction finance-contrôle à cet égard. Les chapitres 3 et 4 ont été rédigés à partir d'entrevues menées auprès de praticiens de la fonction finance-contrôle. Marie-Andrée Caron les subdivise en deux groupes, soit les macroconcepteurs et les micropraticiens. Le premier groupe doit composer avec une fonction finance-contrôle souvent complexe et surchargée alors que le second jouit d'une plus grande liberté d'action. Au chapitre 5, Hugues Boisvert transpose l'image visionnaire du contrôle de gestion sentinelle dans le cadre de l'entreprise cellulaire. Au chapitre 6, Marcel Côté dévoile les compétences et les habiletés requises chez les gestionnaires de la fonction finance-contrôle. Au chapitre 7, Richard Déry retrace les origines des connaissances et des modèles déployés par le professeur-chercheur. Du coup, il expose à la fois ce qui unit et sépare le contrôleur de gestion et le professeur-chercheur. Hugues Boisvert et Marie-Andrée Caron concluent, au chapitre 8, en vous proposant des pistes permettant de relever le défi de la reconstruction d'une fonction en proie à un changement majeur de paradigme, soit le passage du commandement à la sentinelle. Si la fonction finance-contrôle ne s'adaptait pas à ce changement de paradigme, elle se verrait amputée de son volet contrôle de gestion. Ce dernier volet, essentiel à la survie des entreprises, serait alors récupéré par le cœur opérationnel. De la fonction finance-contrôle actuelle, on ne reconnaîtrait alors que les volets trésorerie, fiscalité, vérification et production des états financiers, et ces derniers pourraient aisément être centralisés et automatisés.

Table des matières

CHAPITRE 1

Pourquoi vouloir reconstruire la fonction finance-contrôle ?

par Hugues Boisvert

RÉSUMÉ

L'évolution de l'environnement socio-économique crée des pressions qui ont amené l'entreprise à changer profondément. Le renouvellement de l'entreprise, associé à un renouvellement de la gestion, crée à son tour des pressions qui ne peuvent qu'amener la fonction finance-contrôle à se transformer profondément. La fonction finance-contrôle sera-t-elle démantelée, et ses composantes attribuées directement aux autres fonctions ? Voilà pourquoi nous voulons aborder la reconstruction de la fonction finance-contrôle.

L'environnement socio-économique de nos entreprises change de plus en plus rapidement : mondialisation des marchés, renouvellement de l'économie, innovation et nouvelles technologies. Les entreprises changent : aplatissement des structures et réduction des activités qui n'ajoutent pas de valeur aux yeux du client.

Et la gestion change : responsabilisation des employés, travail en équipe et formation de réseaux. La fonction finance-contrôle n'a-t-elle d'autres choix que de changer ou de disparaître, dans la forme que nous lui connaissons actuellement ? Sera-t-elle démantelée, et ses composantes attribuées directement aux opérations ? Ou bien résistera-t-elle, au risque d'entraîner la disparition des entreprises qui auront toléré le statu quo ? La fonction finance-contrôle saura-t-elle devenir la sentinelle de l'entreprise du XXIᵉ siècle ? Si oui, comment alors assurer cette mutation ? Comment reconstruire la fonction finance-contrôle et comment préparer cette reconstruction ? Enfin, les gestionnaires de la fonction finance-contrôle qui auront refusé de s'adapter à l'environnement du XXIᵉ siècle subiront-ils le sort des dinosaures ? Se retrouveront-ils dans les musées à titre de commandants des armées de la révolution industrielle ?

Nous allons rappeler, dans un premier temps, l'évolution de l'environnement socio-économique, puis celle de l'entreprise et de la gestion, pour ensuite questionner le devenir de la fonction finance-contrôle à l'aube du XXIᵉ siècle.

L'évolution de l'environnement socio-économique

La mondialisation des marchés, le renouvellement continu de l'économie, l'innovation et les nouvelles technologies marquent l'évolution de l'environnement socio-économique et influencent de manière déterminante celle des entreprises et leur gestion. Ces facteurs auront nécessairement un impact sur l'évolution de la fonction finance-contrôle dans nos entreprises.

La mondialisation

La mondialisation des marchés intensifie la compétition entre les firmes d'un secteur industriel donné. Dans chacun des secteurs, on parle de coûts à la baisse, de réduction des temps de cycle, et de qualité accrue. Les produits sont vite copiés, et la technologie qui sert à les fabriquer est vite transférée d'un pays à l'autre. Ce que les comptables appellent les actifs de l'entreprise (terrains, usines, machinerie, équipements, outils et matières premières) ne sont plus des facteurs clés de compétition, car n'importe qui, n'importe où, peut désormais les acquérir. La créativité, la capacité d'innover, l'habileté de gestion, l'adaptation à la nouvelle réalité économique et technologique et la prévision des besoins des clients sont devenues les facteurs clés du succès. La performance des entreprises réside dans le savoir-faire et le savoir-être. Le véritable actif d'une entreprise, aujourd'hui, n'est plus comptabilisé, car il réside dans le cerveau de ses membres et l'utilisation qu'on fait de leur esprit créateur. Ce dernier n'est pas facilement accessible ; comme nous ne pouvons pas l'acquérir uniquement à coups de dollars, nous devons le stimuler et le cultiver. Nous devons préparer le terrain en construisant une organisation favorable à son épanouissement.

Le principal impact de la mondialisation sur les entreprises peut être évalué sur le plan de la demande de biens et services et sur le plan de l'offre de biens et de services.

L'impact sur le plan de la demande de biens et de services nous vient immédiatement à l'esprit parce qu'il est si souvent évoqué. Il s'agit de l'invasion de nos marchés par les produits japonais, puis allemands, puis asiatiques en général. Ces produits circulent aux quatre coins de la planète et particulièrement dans le monde fortement industrialisé. On parle alors de concurrence accrue et de compétitivité accrue sur le plan des coûts, des délais et de la qualité.

L'impact sur le plan de l'offre, moins souvent évoqué, concerne les facteurs clés du succès des entreprises. D'abord, l'endroit où l'on fabrique, le lieu, sauf pour quelques rares secteurs économiques, n'est plus un facteur de compétition. Aujourd'hui, une entreprise française peut emprunter en Suisse, installer ses centres de recherche en Allemagne, acheter ses machines en Corée du Sud, baser ses usines en Chine, élaborer sa campagne de marketing et de publicité en Italie, vendre aux États-Unis et avoir des sociétés à capitaux mixtes en Pologne, au Maroc et au Mexique[1]. Ensuite, la technologie et l'équipement qui la sous-tendent ne sont plus un facteur clé de compétition, car les fabricants d'équipement sont également en guerre pour nous vendre leur technologie, puisque leur propre survie en dépend. La distance des marchés n'est plus un facteur clé de compétition.

Nous sommes donc enclins à nous demander quelle est la plus forte barrière à l'entrée de nouveaux arrivants dans un secteur, à l'échelle planétaire et quel est l'élément le plus difficile à imiter ou à acquérir. La réponse se trouve aujourd'hui dans la capacité d'innover et de créer, inhérente aux cerveaux les plus habiles et les plus stimulés. Nous pouvons faire exécuter des tâches par de la main-d'œuvre à bon marché, mais nous ne pouvons pas faire penser et créer n'importe qui. Il n'existe pas d'esprit innovateur à rabais. L'esprit innovateur est difficilement imitable et le résultat qu'on sait en tirer est un art. Nous avons cru, à tort, que les entreprises performantes étaient tellement riches, si bien structurées, qu'elles résisteraient à tout. Nous avons conclu erronément qu'elles ne pourraient jamais être touchées par de nouvelles entreprises sans capitaux. Nous avons dans bien des cas minimisé la puissance des cerveaux. Et ces derniers ne s'achètent pas comme des immobilisations.

L'impact de la mondialisation sur les entreprises est donc d'avoir modifié considérablement les facteurs de compétition : ce ne sont plus des éléments d'actif, mais le savoir-faire, l'organisation et l'innovation qui sont devenus les facteurs clés du succès.

Le renouvellement continu de l'économie

« Les chercheurs en économie dorment pendant que le monde entier se transforme sous leurs yeux.[2] » Les cycles économiques se succèdent, des entreprises meurent, d'autres naissent. Celles qui naissent sont structurées différemment : bureaucratie minimale, équipe multi-disciplinaire. Ce mouvement des cycles semble s'accé-lérer : les entreprises meurent plus jeunes et naissent plus rapidement qu'autrefois. Nous nous retrouvons face à un état de crise structurelle permanent. Les entreprises produisant des biens ont été les premières touchées depuis le début des années 1980 ; ce fut ensuite au tour des entreprises de service. Aujourd'hui, personne n'y échappe, pas même les gouvernements et la fonction publique.

Faut-il s'étonner que les enfants d'aujourd'hui manient la télévision, la chaîne stéréo, la vidéo et l'ordi-nateur parfois à la stupéfaction de leurs aînés ? Les enfants, eux, ne s'en formalisent pas ; cela leur est natu-rel. Faut-il s'étonner alors que les entreprises de la nou-velle économie soient branchées en réseaux, sans patron, axées sur l'innovation et la gestion de l'information ? Les gestionnaires informés et à l'avant-garde ne sont pas surpris ; au contraire, ils cherchent à accélérer cette transformation. Innovation et nouvelles technologies sont au cœur du renouvellement de l'économie.

Les entreprises de la nouvelle génération sont différentes : nous les appelons entreprises à valeur ajou-tée. Elles sont construites différemment par rapport à celles de la génération précédente : elles sont fondées sur la responsabilisation des membres et sur la mise en valeur de leurs capacités intellectuelles plutôt que sur la mise en valeur de leurs capacités manuelles ou physi-ques. La preuve apportée par Nuala Beck est significa-tive : les industries à forte capacité intellectuelle affichent un gain net, au cours de la période de 1984 à 1991, de 304 000 emplois, soit 90 % des emplois créés au Canada en 7 ans, alors que les industries à faible capacité intel-lectuelle affichent au cours de la même période une perte nette de près de 200 000 emplois.

« Le ratio activités productives/activités impro-ductives a atteint son niveau le plus bas au milieu des années 1990. Depuis lors, le mouvement inverse se poursuit. Les secteurs qui n'ajoutent pas de valeur aux produits seront progressivement réduits ou éliminés.[3]» Rappelons qu'une activité improductive, dans le sens utilisé ici, est celle qui n'ajoute pas de valeur aux yeux du client, bien qu'elle puisse être essentielle pour la bonne marche de l'entreprise. Par exemple, les activités de la fonction finance-contrôle sont improductives, car la façon dont elles sont conduites n'influence pas la valeur des produits et des services aux yeux du client.

La mondialisation et le renouvellement continu de l'économie caractérisent l'environnement socio-économique d'aujourd'hui et du début du siècle prochain.

L'évolution de l'entreprise et de la gestion

Les entreprises sont en voie de changer en se structurant différemment. Celles de la génération précédente ont été pour la plupart construites et structurées en vue de gérer des actifs comptables, non pas en vue de stimuler l'esprit innovateur de leurs employés et de leurs gestionnaires. Le rendement sur capital investi (RCI) est encore aujourd'hui l'indicateur le plus utilisé pour témoigner du rendement financier d'une entreprise. L'objectif de préservation du patrimoine, inhérent à la fonction finance-contrôle, doit être remis en question et repensé, alors que le succès réside de plus en plus dans la capacité d'innover, et de moins en moins dans le stock d'actifs. L'esprit innovateur, et non les immobilisations, est en voie de devenir la véritable richesse d'une entreprise.

La restructuration des entreprises se visualise par l'aplatissement des structures. Il n'y a plus de patrons. Les gestionnaires deviennent des entrepreneurs. Les entreprises forment de véritables grappes entrepreneuriales, à leur tour intégrées dans des ensembles plus larges, les grappes industrielles. L'aplatissement des structures et la responsabilisation des employés apparaissent non pas comme les résultats d'une réflexion bien mûrie, mais bien comme un aboutissement logique de l'évolution du travail intellectuel.

Nous avons résumé au tableau 1.1 des leçons qu'il faut tirer des entreprises qui réussissent.

TABLEAU 1.1

Les entreprises qui réussissent aujourd'hui :

1. déterminent leurs objectifs de coût, de délai et de qualité en fonction du marché plutôt qu'en fonction d'une norme établie à l'interne. La fonction finance-contrôle y fait figure de sentinelle qui sait interpréter les données du marché ;

2. améliorent constamment leur position par rapport aux concurrents en réduisant leurs coûts et en offrant une valeur plus grande aux yeux des clients ;

3. réinventent constamment l'entreprise en réaménageant les processus d'affaires, en concevant de nouveaux savoir-faire et de nouveaux modes d'organisation ;

4. réagrègent les tâches segmentées et découpées par la gestion scientifique du travail et, de ce fait, redécouvrent le potentiel multifonctionnel des tâches ;

5. font circuler l'information transversalement, le long des processus, plutôt que de haut en bas et de bas en haut, le long des lignes fonctionnelles ;

6. mettent au point des systèmes d'information conviviaux sélectifs qui procèdent d'une analyse des activités et de leurs causes et génèrent des indicateurs physiques. Ces systèmes visent à expliquer les résultats plutôt qu'à simplement les évaluer ;

7. ont su créer un climat de confiance et une ambiance de collaboration où les luttes de pouvoir et les chicanes de clocher ont été considérablement réduites ou éliminées.

Ces entreprises sont conçues différemment. Nous assisterons vraisemblablement, au cours des prochaines années, à une reconception globale des entreprises privées, des entreprises publiques, puis des gouvernements et de la société dans son ensemble. Les organisations qui ne s'adaptent pas aux paramètres dictés par les entreprises qui réussissent disparaîtront et feront place à de nouveaux venus. Les sociétés et les gouvernements qui ne s'adaptent pas feront face à des crises majeures.

Grâce entre autres à la technologie informatique et aux outils qui la sous-tendent, la portion non intellectuelle des activités que l'on exerce quotidiennement s'amenuise grandement. Prenez, à titre d'exemples, des activités dites intellectuelles, comme la recherche et le développement, la création de matériel inédit et même la gestion, où davantage de temps est consacré à l'activité créatrice proprement dite et moins à l'activité dite bureaucratique. Il en est de même à l'université, où le pourcentage de temps consacré à l'activité créatrice par les professeurs augmente au fil des ans avec l'acquisition d'un nouvel équipement informatique plus puissant, plus performant et surtout plus convivial. Les professeurs ne passent plus un temps fou à réviser les erreurs de typographie, à rédiger des lettres, à compiler des notes, à redactylographier les plans de cours qu'il faut mettre à jour, à gérer la paperasse et à pousser des papiers. De même, une fraction de plus en plus grande du temps des spécialistes de la fonction finance-contrôle relèvera de la réflexion et du travail intellectuel ; une portion plus grande de leur temps sera donc consacrée à l'activité créatrice. L'époque de l'application mécaniste de règles prescrites, qui jadis composait la majeure partie de l'activité des comptables, est en voie d'être complètement révolue.

Le devenir de la fonction finance-contrôle

La fonction finance comprend les volets suivants : finances et comptabilité, trésorerie, fiscalité, contrôle de gestion et vérification interne. Notre questionnement sur le devenir de la fonction finance-contrôle s'est principalement arrêté sur le volet contrôle de gestion.

Avez-vous déjà relevé toute l'information produite par les comptables de la fonction finance-contrôle ? Si oui, quel pourcentage de cette information mène à une action concrète des gestionnaires ? Eh bien, le complément de ce pourcentage (c'est-à-dire 100 % moins ce pourcentage estimé), représente l'information inutilisée par les gestionnaires. En lisant la plupart des rapports financiers, on a quelquefois l'impression de lire un compte rendu historique de l'entreprise intéressant, mais inutile pour préparer et structurer l'avenir tellement l'environnement a changé depuis les événements qui y sont relatés.

Imaginons un moment les tâches suivantes : vérifier des factures, enregistrer des transactions, trouver l'erreur, faire des régularisations, produire des rapports sur les comptes clients, etc. ; on a l'impression de parler du passé. Et pourtant, il y a encore des comptables dont l'activité principale peut être décrite par l'ensemble des tâches que nous venons d'énumérer. Serait-ce une espèce en voie de disparition ? En effet, serait-il possible que ces activités soient totalement automatisées ? Par exemple, les gens qui effectuent des transactions pourraient-ils les enregistrer eux-mêmes à l'aide d'un terminal, puis valider ces données à l'aide d'un logiciel ou un lecteur optique ?

Que deviendrait dans ce cas le comptable d'entreprise ? Et si demain le nombre de comptables dans toutes les entreprises était réduit de moitié, que se passerait-il ? Que feraient ceux qui restent ? Imaginez une entreprise qui compte 100 comptables dans son service de finance-contrôle et qui, du jour au lendemain, réduit ce nombre de moitié, à 50 employés ; que feraient ceux qui restent ? Ils ne feraient certainement pas les mêmes activités, n'effectueraient pas les mêmes analyses et ne produiraient pas les mêmes rapports. Certaines activités devraient être éliminées ou conduites autrement à la suite de la réduction importante de personnel. Pouvez-vous imaginer quelles seraient dorénavant leurs activités ? Et s'ils venaient tous à disparaître, seraient-ils remplacés ? Certains le seraient sûrement, mais par qui ? Par des techniciens spécialisés dans la surveillance des systèmes informatiques ? Que feraient ces remplaçants ? de la programmation de systèmes qu'utiliseront les gestionnaires dorénavant responsables de leurs transactions ?

Dans le contexte actuel, face à l'évolution de l'environnement socio-économique et aux changements qui guettent nos entreprises, la fonction finance-contrôle, telle que nous la connaissons aujourd'hui dans la grande majorité de nos entreprises, n'a pas d'autre choix que de changer ou de disparaître. Il en va de la survie de ces entreprises.

D'un côté, nous assistons à une centralisation des systèmes de collecte, d'enregistrement et de traitement des données des transactions financières. Ces systèmes sont de plus en plus automatisés, centralisés et parfois même confiés à des centres de sous-traitance externes ou internes. D'un autre côté, les gestionnaires, davantage responsabilisés, déterminent eux-mêmes leurs besoins en information de gestion et ne se fient plus aux comptables pour recevoir toute l'information. Dans bien des cas, ils ont développé leur propre système d'information de gestion et mènent de main de maître leurs propres initiatives d'amélioration. Les spécialistes de la fonction finance-contrôle doivent réaliser à quel point l'heure est critique. Cette fonction sera-t-elle finalement démantelée ? Ses composantes seront-elles attribuées à des centres de sous-traitance et aux autres secteurs de l'entreprise ? Que deviendra-t-elle ? Et si l'on décidait de la reconstruire, comment faudrait-il s'y prendre ?

NOTES ET RÉFÉRENCES

1. Ramonet, Ignacio, « Mondialisation et ségrégation », *Le Monde diplomatique*, mai 1993.

2. Beck, Nuala, *La Nouvelle Économie*, Les Éditions TRANSCONTINENTAL, 1994, p. 23.

3. Boisvert, Hugues, « A View of Tomorrow : Management Accounting in 2004 », *International Federation of Accountants*, Financial and Management Committee, 1994.

Le contrôle de gestion du XXIe siècle et son impact sur la fonction finance-contrôle

par Hugues Boisvert

RÉSUMÉ

*Le contrôle de gestion vise l'efficacité, l'efficience et l'économie. Il peut prendre différentes formes selon l'approche de la gestion prévalant dans l'entreprise et selon l'idéal de la haute direction. Deux approches typiques existent. Le modèle dominant du contrôle de gestion exercé par la fonction finance-contrôle actuellement en est un de **détection** et de **surveillance**. Un modèle émergeant du contrôle de gestion, de type **apprentissage**, apparaît maintenant à l'extérieur de la fonction finance-contrôle. Au XXIe siècle, le système de contrôle de gestion favorisera l'**apprentissage** plutôt que la **détection** et la **surveillance**. La fonction finance-contrôle devra donc **évoluer radicalement** et **s'approprier** le contrôle de gestion d'apprentissage.*

Le contrôle de gestion vise l'efficacité, l'efficience et l'économie. Il peut prendre différentes formes selon l'approche de la gestion prévalant dans l'entreprise et selon l'idéal de la haute direction. Deux approches typiques existent : *la surveillance*, au sens le plus restrictif du terme, soit le contrôle de gestion *a posteriori*, ainsi que l'apprentissage, qui constitue une intervention *a priori* du contrôle de gestion.[1]

La vision de l'entreprise projetée par la haute direction influence la façon de l'analyser et de vouloir la contrôler. Ainsi, l'image « machine » de l'entreprise (décomposée en sous-systèmes que l'on cherche à optimiser) amène la direction à adopter une forme d'organisation hiérarchique et pyramidale, chacune des branches de la pyramide correspondant à une fonction. Ce type d'entreprise fonctionnelle favorise la forme de contrôle de gestion du type surveillance. Il s'agit d'un contrôle de gestion *a posteriori*, qui s'inscrit dans une logique policière de détection, de récompense, de punition et de **commandement**. Selon cette approche, les gestionnaires de la fonction finance-contrôle surveillent, détectent et commandent. Le contrôle de gestion *a posteriori* se marie très bien avec les contrôles d'exécution. C'est le type de contrôle le plus souvent exercé par la fonction finance-contrôle.

D'un autre côté, la représentation de l'organisation comme un système cherchant sans cesse à s'adapter à un environnement en perpétuel changement induit une forme d'organisation sans hiérarchie au sens pyramidal du terme ; cette représentation, à la limite, mène à une organisation sans patron fondée sur le leadership et qualifiée d'organisation *plate*, terme faisant référence à l'aplatissement des structures hiérarchiques. Par ailleurs, cette forme d'organisation favorise l'émergence d'un contrôle de gestion du type apprentissage. Il s'agit d'un contrôle de gestion *a priori*, s'inscrivant dans une logique de gestion, de conseil, de direction, de conduite, de stimulation et d'incitation ; bref, dans une logique de **sentinelle**. Ce contrôle de gestion n'est pas l'apanage de la fonction finance-contrôle, loin de là. La culture de l'organisation et le style de gestion construit au fil des ans par les différents gestionnaires de l'organisation déterminent en grande partie qui, de la haute direction, des gestionnaires de la fonction finance-contrôle ou du cœur opérationnel, dirige et conseille l'organisation en matière d'efficacité, d'efficience et d'économie.

Nous allons aborder dans l'ordre les quatre points suivants :

1. Le modèle dominant du contrôle de gestion exercé par la fonction finance-contrôle actuellement : la **détection** et la **surveillance**.

2. Un modèle émergeant du contrôle de gestion, du type **apprentissage**, apparaît maintenant à l'extérieur de la fonction finance-contrôle.

3. Au XXIᵉ siècle, le contrôle de gestion sera un système d'**apprentissage** plutôt que de **détection** et de **surveillance**.

4. La fonction finance-contrôle participera au contrôle de gestion en autant qu'elle **évolue radicalement** et qu'elle **s'approprie** le contrôle de gestion d'apprentissage.

1. Le modèle dominant du contrôle de gestion exercé par la fonction finance-contrôle actuellement : la détection et la surveillance

Nous appuyons cette affirmation sur les réponses à un questionnaire[2] soumis à 272 personnes[3] œuvrant, à quelques exceptions près, au sein de la fonction finance-contrôle d'entreprises de tailles différentes et appartenant à une variété de secteurs industriels. La majorité des sujets (85 %) possédaient entre 10 et 25 ans d'expérience.

Or ces personnes perçoivent leur fonction finance-contrôle comme étant très traditionnelle (contrôle de gestion *a posteriori*) et pensent la même chose de leur groupe de comptables (il faut comprendre : isolé et à l'extérieur du groupe de décideurs). La grande majorité des répondants sont pourtant eux-mêmes comptables au sein d'une fonction qu'ils dénoncent comme tradition-nelle. Il n'y a rien de surprenant à cela puisque ces mêmes répondants, manifestement ouverts aux nouvelles idées, nous ont avoué être souvent en butte à la résis-tance au changement dans leurs organisations res-pectives. Ce qui peut être paradoxal, par ailleurs, c'est que le reste de l'organisation perçoit également la fonc-tion finance-contrôle comme traditionnelle, mais craint de la voir changer et lui résiste de peur de perdre le con-trôle.

Le caractère traditionnel de la fonction finance-contrôle

D'après les réponses de plus de 85 % des répondants au questionnaire auquel nous avons fait référence, nous avons dégagé cinq caractéristiques des systèmes comp-tables actuels. Elles sont présentées au tableau 2.1.

TABLEAU 2.1

Caractéristiques des systèmes comptables actuels

1) Ils touchent davantage la surveillance des coûts.

2) Ils traitent des problèmes non stratégiques.

3) Ils présentent des analyses statiques de coûts.

4) Ils comportent des résultats strictement financiers.

5) Ils analysent les résultats par fonction.

Ces traits des systèmes actuels de comptabilité traduisent le caractère traditionnel de la fonction finance-contrôle. Le **premier trait** porte sur l'aspect surveillance des coûts du système de comptabilité, c'est-à-dire sur le respect des normes et des standards, au détriment d'une analyse profonde des causes en vue de réduire les coûts, au détriment de l'amélioration continue. En effet, les rapports comptables prennent souvent la forme de tableaux comparatifs. Le budget y est comparé aux résultats, et les résultats de l'année dernière à ceux de l'année en cours. Ces rapports focalisent sur les écarts par rapport aux prévisions, à la norme et aux standards. Donc, l'objectif visé est de rapporter toute espèce de déviation par rapport aux plans.

Le **deuxième trait** décrit le champ d'intervention de la comptabilité. Il ne concerne strictement que la *surveillance des opérations*, notamment par l'entremise de rapports sur les écarts budgétaires relatifs aux opérations. Les questions stratégiques de gestion des coûts n'y sont pas abordées. Les éléments déclencheurs de processus et les facteurs de consommation des ressources par les activités ne sont pas mis en lumière. Nous ne les retrouvons pas parmi les indicateurs clés de la performance. Le triple compromis coût-délai-qualité est également ignoré par les études comptables, qui, de ce fait, omettent l'analyse des causes profondes des coûts ainsi que leur relation avec la valeur aux yeux du client. La comptabilité stratégique est une expression qui n'existe que dans l'imaginaire de quelques universitaires et praticiens visionnaires.

Le **troisième trait** concerne le contenu des rapports produits, constitué de comparaisons et d'analyses statiques de coûts. Or les gestionnaires sont davantage intéressés par l'évolution et la dynamique des coûts que par l'état des coûts proprement dit. N'y a-t-il pas d'autres facteurs que le volume qui influencent le comportement des coûts ? Comment pouvons-nous élaborer une stratégie pour réduire les coûts si nous n'en n'avons pas cerné la dynamique ?

Le **quatrième trait** concerne le caractère strictement financier des rapports produits, qui ignorent de ce fait les volets « temps de cycle et qualité », deux volets qui témoignent de la valeur aux yeux du client. De plus, les données financières en général mesurent bien l'extrant, c'est-à-dire le résultat. Les facteurs intrants, c'est-à-dire les ressources consommées, sont mieux décrites à l'aide de mesures dites physiques, donc non financières. Il en est de même des facteurs déclencheurs de processus et des facteurs de consommation des ressources. Nous devons donc concevoir une comptabilité qui ne traite pas exclusivement des données financières si l'on souhaite faire intervenir ces facteurs.

Enfin, le **cinquième trait**, relatif au caractère parcellaire et segmentaire des rapports financiers, traduit un caractère distinctif des systèmes de surveillance, notamment la possibilité de retracer le responsable des coûts. Ces rapports visent davantage à identifier le responsable des coûts qu'à comprendre le pourquoi des coûts. On semble jouer essentiellement au détective désireux de savoir où le crime a été commis et de connaître le responsable. Pour ces systèmes, la connaissance du motif du crime, c'est-à-dire la raison ou la cause des coûts, n'est pas un objectif d'information.

Ces cinq traits des systèmes de comptabilité touchant la majorité de nos entreprises sont révélateurs du type de contrôle de gestion exercé par les départements de finance-contrôle des entreprises représentées dans l'échantillon. Il y en a bien quelques-unes, peut-être jusqu'à 15 % des entreprises canadiennes, qui ne répondent pas à ces traits, mais nous pouvons affirmer qu'en général (c'est-à-dire pour 85 % de nos entreprises), la fonction finance-contrôle exerce un contrôle de gestion visant la détection et la surveillance. Ce type de contrôle de gestion domine donc actuellement la fonction finance-contrôle.

Le caractère traditionnel du groupe de comptables de la fonction finance-contrôle

Pour plus de 85 % des répondants au questionnaire, le groupe de comptables au sein de la fonction finance-contrôle peut être décrit à l'aide des cinq traits résumés au tableau 2.2.

TABLEAU 2.2

Traits caractéristiques du groupe de comptables

1) Il est isolé de l'équipe de direction.
2) Il fournit des rapports historiques.
3) Il fournit des barèmes de coûts et des standards.
4) Il résiste ou n'est pas intéressé au changement.
5) Il a pour mission de faire respecter les exigences de la comptabilité financière

---

Ces cinq traits du groupe de comptables de la fonction finance-contrôle confirment son caractère traditionnel. Le groupe de comptables de la fonction finance-contrôle est actuellement perçu comme étant isolé de l'équipe de décideurs par plus de 90 % des répondants. Selon eux, cette situation ne peut plus durer. Ce **premier trait** du groupe de comptables est révélateur du rôle que ne jouent pas ces derniers relativement à la prise de décision, soit celui de partenaire à part entière de la direction. Le contrôle de gestion est un volet de la gestion ; il ne peut donc pas être délégué ni confié à un groupe isolé de la direction.

Puisque le groupe de comptables ne fournit que des rapports historiques (**deuxième trait**), des barèmes de coûts et des standards (**troisième trait**), nous pouvons conclure qu'actuellement il ne fournit pas aux décideurs de l'information visant à accroître la valeur du produit ou du service offert au client externe. Ces deux points confirment les caractéristiques traditionnellement conservatrices des systèmes d'information comptable identifiées à la section précédente.

Le **quatrième trait** concerne le fait que l'on perçoit le groupe de comptables de la fonction finance-contrôle comme des individus ne prônant pas le changement, lui résistant ou ne s'y intéressant tout simplement pas. Or décider, la plupart du temps, c'est changer. Seules les décisions de retour à la norme ne changent rien, et encore là, ce n'est pas certain. L'environnement n'est pas fixe, mais plutôt en perpétuel mouvement. Vouloir ramener la norme initiale dans un environnement en mouvement, c'est implicitement créer une nouvelle norme souvent inférieure à la précédente, car en principe les normes doivent suivre aussi le mouvement.

Le **cinquième trait** touche la mission du groupe de comptables. Elle est perçue par les répondants comme étant celle de faire respecter les principes comptables généralement reconnus (PCGR). Les systèmes d'information comptable de gestion, lorsqu'ils existent, sont parfaitement intégrés à ceux de la comptabilité financière et leur sont assujettis. La fiabilité et la « vérifiabilité » en sont les traits dominants. La majorité de ces systèmes d'information comptable ne fournissent aucun conseil fondé sur une connaissance du comportement éventuel des coûts, mais seulement des extrapolations du comportement passé des coûts sur la base du volume des produits ou des services rendus, c'est-à-dire au prorata de la quantité de produits ou de services vendus.

Ces cinq traits du groupe de comptables de la fonction finance-contrôle sont également révélateurs du type de contrôle de gestion exercé par ce département de nos entreprises. Pour 85 % d'entre elles, le contrôle de gestion de type détection et surveillance domine. Le contrôleur y est souvent perçu comme un chien policier, isolé du reste de l'entreprise, et aboyant au moindre écart.

2. Un modèle émergeant du contrôle de gestion, du type apprentissage, apparaît actuellement à l'extérieur de la fonction finance-contrôle

De nombreuses initiatives dont l'objectif est d'améliorer l'efficacité, l'efficience ou l'économie ont été mises en œuvre au cours des trois dernières années dans nos entreprises.

Voici une liste de 19 initiatives d'amélioration (tableau 2.3), souvent évoquées dans les revues professionnelles, poursuivant un objectif d'efficacité, d'efficience ou d'économie.

TABLEAU 2.3

Initiatives d'amélioration
1) Comptabilité par activités
2) Gestion par activités
3) Gestion intégrale de la qualité
4) Analyse comparative
5) Réaménagement des processus d'entreprise
6) Ciblage des coûts
7) Amélioration continue
8) Processus de travail en équipe
9) Échange de documents informatisés
10) Mappage des processus
11) Systèmes d'information pour cadres supérieurs
12) Ingénierie simultanée
13) Responsabilisation des employés
14) ISO 9000
15) Personnalisation de masse
16) Systèmes de fabrication flexibles
17) Comptabilité du cycle de vie du produit
18) Responsabilité sociale (environnement)
19) Accent sur le client

Or l'ensemble des éléments, des mécanismes et des initiatives concourant à l'efficacité, à l'efficience et à l'économie dans une organisation fait partie intégrante du contrôle de gestion. Ainsi, nous voyons apparaître, avec ces initiatives d'amélioration, une forme nouvelle de contrôle de gestion. Lancées dans quelques entreprises au cours des dix dernières années, ces initiatives d'amélioration sont susceptibles de devenir la norme au cours des cinq prochaines années.

Deux de ces initiatives, la responsabilité sociale (18) et l'accent sur le client (19), relèvent plutôt d'une philosophie ou d'une approche. Nous pouvons les retrouver au sein de toutes les fonctions de l'organisation. Mises à part ces deux dernières initiatives, la fonction finance-contrôle ne participe qu'à quatre des dix-neuf autres initiatives de la liste précédente, soit la comptabilité par activités (1), la gestion par activités (2), le ciblage des coûts (6) et la comptabilité du cycle de vie du produit (17), où il est question de coûts. Et pourtant, qui oserait prétendre que l'une de ces initiatives ne vise pas l'amélioration de la performance organisationnelle ?

L'implantation de plusieurs de ces initiatives sera réalisée d'ici l'an 2000 dans la plupart des entreprises. C'est du moins ce qu'affirment les 272 répondants. Le tableau 2.4 résume leurs réponses.

Les numéros (de 1 à 19) sur l'axe des abscisses identifient les 19 initiatives d'amélioration énumérées au tableau précédent. Les pourcentages représentent leur degré d'implantation prévu. Il y a deux réponses pour chacune des initiatives, la première indiquant le pourcentage de toute la population interrogée et la deuxième indiquant le pourcentage du sous-ensemble des répondants provenant du secteur de la fabrication seulement. Ainsi, l'initiative 14, ISO 9000, recueille moins de 60 % de l'ensemble, mais plus de 80 % du sous-ensemble du secteur de la fabrication. De manière générale, les répondants du sous-ensemble du secteur de la fabrication prévoient que ces initiatives seront implantées dans leur entreprise en l'an 2000, et ce, dans une proportion supérieure aux prévisions du sous-ensemble représentant les autres secteurs. Selon d'autres statistiques tirées de la même enquête, ces initiatives sont déjà davantage

TABLEAU 2.4

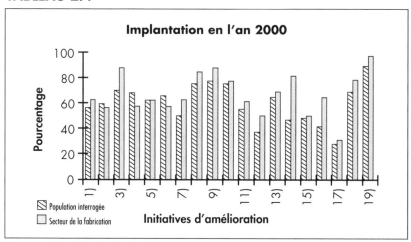

présentes dans les entreprises du secteur de la fabrication que dans les entreprises des autres secteurs industriels.

L'émergence d'initiatives de contrôle de gestion à l'extérieur de la fonction finance-contrôle n'est pas un fait nouveau. Le cadre conceptuel du contrôle de gestion élaboré par Robert N. Anthony dans son ouvrage de 1965[4] se situe à l'extérieur de la fonction finance-contrôle. Selon ce cadre, la fonction finance-contrôle n'est responsable que du système d'information financière. La planification stratégique est l'affaire de la haute direction, le contrôle de gestion, celle de tous les cadres intermédiaires, et le contrôle opérationnel, celle des gestionnaires des opérations. Néanmoins, la fonction finance-contrôle, parce qu'elle est apte à lire les résultats financiers et à déterminer les dépassements des objectifs, a été amenée à commander l'action selon le modèle du thermostat : dès qu'un dépassement significatif d'un des postes budgétaires est repéré, un avis parvient au responsable, visant à le ramener à la norme.

Ce n'est donc pas nouveau de voir la quête de l'efficacité, de l'efficience et de l'économie lancée à l'extérieur de la fonction finance-contrôle. En ce qui concerne un passé relativement récent, par ailleurs, cela correspond à la perte de leadership de la fonction finance-contrôle en cette matière. Cette perte de leadership traduit la perte d'un pouvoir informel de **commandement** envers les autres fonctions. La fonction finance-contrôle n'est plus le maître en matière de contrôle des coûts, elle ne l'a jamais été en matière d'assurance-qualité et elle est de plus en plus absente des initiatives entreprises afin de promouvoir l'efficacité, l'efficience et l'économie.

3. Au XXIe siècle, le contrôle de gestion sera un système d'apprentissage plutôt que de détection et de surveillance

Le contrôle de gestion ne sera plus un système de surveillance

Le contrôle de gestion ne sera plus érigé en système qualifié de *cybernétique*, par lequel la direction surveille les gestionnaires et les employés et leur communique ses objectifs et ses plans. Il en sera ainsi parce que les entreprises n'auront plus les moyens de se payer des contrôleurs, d'autant plus que la technologie informatique et le savoir-faire en cette matière permettront de surveiller l'exécution de manière plus efficace, beaucoup plus efficiente et économique.

Compétitivité et activités créatrices de valeur aux yeux des clients

Essayez un instant de compter le nombre de personnes dans votre organisation qui s'adonnent à au moins une activité de surveillance. Nous en avons tous au moins une. Toute activité de révision en est une : réviser un texte, réviser un budget, réviser un projet, etc. Une activité d'approbation est souvent liée à une fonction de surveillance : approuver une dépense, un programme, etc. On retrouve, pour chacun des responsables de chacune des unités administratives, une kyrielle d'activités de surveillance. «Responsable» est, dans certaines entreprises, synonyme de «surveillant». Une des missions agréées de la fonction finance-contrôle est la préservation du patrimoine ; expression jolie, mais elle n'implique souvent que la surveillance des activités susceptibles de toucher le patrimoine. Enfin, au sein de la fonction finance-contrôle, il y a le groupe de vérificateurs internes, dont l'activité entière est consacrée à la surveillance.

Essayez maintenant d'estimer le temps total, exprimé en pourcentage, consacré à des activités de surveillance dans votre organisation. Est-ce 20 %, 30 %, 40 % ou même 50 % ?

Enfin, imaginez l'impossible : que la haute direction émette une directive visant à cesser toute activité de surveillance, réduisant ainsi le nombre de personnes dans l'entreprise. Cela se traduirait par une réduction de la masse salariale équivalant au pourcentage estimé d'activités de surveillance.

Vous croyez qu'il s'agit d'un rêve, que cela ne peut pas marcher. Eh bien, poursuivez le jeu encore un moment, imaginez que cela puisse marcher. Aucune entreprise ne pourrait concurrencer sur le plan des coûts cette entreprise imaginaire. Pensez-y : comment concurrencer une entreprise ayant une activité créatrice de valeur, et à laquelle on aurait retranché 20 %, 30 %, 40 % ou même 50 % de la masse salariale (consacrée à des activités de surveillance) ?

Apport de la technologie informatique

La technologie informatique et le savoir-faire en cette matière nous permettent d'évoluer vers cette entreprise imaginaire. Le contrôle des matières premières n'est plus l'objet d'une analyse d'écarts lorsque les quantités sont contrôlées en temps réel par la machine. Le temps de la main-d'œuvre n'est plus l'objet d'analyse d'écarts dus au rendement des matières premières ou à la productivité lorsque le processus est automatisé. Les écarts sur frais généraux de fabrication ont toujours été délicats à interpréter et ils le sont encore plus dans un environnement moderne caractérisé par la technologie. Le contrôle des stocks et celui des achats sont désormais automatisés. Le contrôle (comprenez : la surveillance) de la qualité est remplacé par la mise en place de processus fiables dans un cadre d'assurance-qualité. La gestion des comptes clients et celle des comptes fournisseurs sont révolutionnées par l'échange électronique des données (EDI) et le paiement direct. On peut multiplier les exemples. L'entreprise imaginaire (sans surveillance humaine) prend forme. Au fur et à mesure que cette entreprise imaginaire prend forme dans un secteur industriel, les autres entreprises du même secteur, n'intégrant pas le nouveau savoir-faire de ce leader en matière de contrôle, sont de plus en plus déclassées sur le plan de la compétitivité.

Nous aurions pu également ajouter à notre argumentation un discours sur les effets pervers de la surveillance et du contrôle policier diminuant la productivité et démotivant le personnel[5]. Cela ne nous paraissait pas nécessaire pour affirmer que le contrôleur policier est en train de subir le sort des êtres moins évolués que représentaient les dinosaures.

Le contrôle de gestion est en voie de devenir un contrôle d'apprentissage

Le contrôle de gestion est en train de devenir un système d'apprentissage pour tous les gestionnaires. D'une activité non créatrice de valeur qu'il était, il deviendra créateur de valeur au même titre que la recherche et le développement. Le système d'information, qui constituera le principal outil du contrôle de gestion, aidera le gestionnaire à comprendre le fonctionnement de l'entreprise et à lire le marché. Ce système d'information permettra au gestionnaire de prévoir l'impact de ses gestes sur la performance globale. Ce système convivial et interactif sera l'instrument clé de l'apprentissage organisationnel, la pierre angulaire de l'organisation intelligente.

Le contrôle de gestion formera chaque jour de meilleurs employés. Autonomie, décentralisation, responsabilisation, pyramide à l'envers, partenariat, participation, voilà autant de concepts et d'idées largement véhiculés depuis le début des années 80[6] qui seront en l'an 2000 souvent répandus. Apprendre par l'expérience de façon continue, voilà le contrôle de gestion du XXIᵉ siècle. Le système de contrôle de gestion sera intégré à une véritable architecture sociale d'apprentissage permanent capable de faire fructifier le capital intellectuel de l'ensemble des ressources humaines[7].

4. La fonction finance-contrôle participera au contrôle de gestion en autant qu'elle évolue radicalement et qu'elle s'approprie le contrôle de gestion d'apprentissage

Les membres de la fonction finance-contrôle pourront-ils récupérer dans l'avenir le champ du contrôle de gestion qui est en train de leur échapper ?

En raison du processus lié à la responsabilisation des employés, les gestionnaires devront s'autocontrôler. C'est une conséquence directe de l'aplatissement des structures. Ils seront à la fois les maîtres et les valets du système d'information de gestion. Ils en seront aussi les clients et les fournisseurs. En tant que clients, ils le façonneront et le feront évoluer selon leurs besoins spécifiques. Ils seront également le principal fournisseur de données. Ainsi les gestionnaires détermineront eux-mêmes l'information utile à leur tâche.

Il n'y aura plus de comptabilité au service d'une direction d'entreprise qui veut surveiller le déroulement des activités et la performance de ses employés. Il n'y aura qu'une information de gestion achetée par le client gestionnaire, souhaitée et conçue par ce dernier dans ses moindres détails, une information qu'il s'approprie.

Libérée du cadre légal de la comptabilité financière, de cette camisole de force, l'information comptable de gestion deviendra étonnamment créative et conviviale, tout comme les logiciels qui, libérés des contraintes de mémoire et de quincaillerie, sont devenus extrêmement conviviaux. Elle utilisera le langage du management et celui des opérations.

L'information comptable de gestion sera exprimée de plus en plus dans le langage des gestionnaires, soit celui des activités et des indicateurs non financiers. Sur le plan de la distribution, on peut dire que l'information ne sera plus épurée, sélectionnée, puis distribuée avec parcimonie ; le gestionnaire déterminera lui-même celle dont il a besoin. Les responsables de ce système d'information de gestion ne porteront plus un chapeau de surveillant et de commandant ; ils seront des animateurs, des catalyseurs et des formateurs.[8]

Ces animateurs du système d'information de gestion seront-ils des comptables d'une nouvelle espèce, des informaticiens ou des psychologues ? Seront-ils regroupés au sein d'une fonction finance-contrôle ? Pourrons-nous repérer dans l'organisation un ange gardien de l'entreprise la guidant et l'orientant vers le succès ? À quoi pourrait ressembler un tel personnage ? Celui-ci devra connaître son entreprise, mais également porter son regard sur l'extérieur. Mieux encore, il devra intégrer les données de l'environnement aux données internes et produire une information stratégique. Il devra être une **sentinelle** capable de guider et d'orienter l'entreprise.

La fonction finance-contrôle dispose d'un atout dans son jeu : ses membres ont la maîtrise totale et entière des données financières internes. À la condition de s'ouvrir sur l'extérieur, la fonction finance-contrôle est susceptible, mieux que quiconque, d'intégrer les données financières aux données non financières dans un système d'information lui-même intégré. L'ouverture sur l'extérieur signifie, dans son cas, apprivoiser les données non financières de l'entreprise et apprendre à lire les données de l'environnement externe.

CONCLUSION

Ces changements dans l'organisation et la gestion seront reflétés dans les systèmes d'information. Le système comptable de gestion sera intégré aux multiples systèmes d'information de gestion. Ce nouveau système intégré sera la pierre angulaire de ces organisations intelligentes fonctionnant dans un cadre d'interaction continue de représentation et d'action. Par la modélisation du comportement des coûts, ce système d'information fournira aux gestionnaires une représentation de leurs actions dans le contexte d'une rationalité éthique et environnementale. Le contrôleur traditionnel sera transformé. Il deviendra un animateur et un partenaire au sein d'une équipe entrepreneuriale. « Information, formation et apprentissage seront alors les mots clés d'un avantage concurrentiel fondé sur l'intelligence, la technologie, le savoir-faire et l'organisation. Animation et leadership remplaceront alors surveillance et contrôle. »[9]

La fonction finance-contrôle est aujourd'hui à la croisée des chemins. Derrière la menace d'être amputée du contrôle de gestion et, du même coup, de perdre une part importante de son utilité pour la gestion (et d'être restreinte aux rôles de la comptabilité financière, de la trésorerie, de la fiscalité et de la vérification interne), se cache l'occasion de devenir la **sentinelle** de l'entreprise du XXIᵉ siècle.

NOTES ET RÉFÉRENCES

1. Ces deux approches sont élaborées dans un texte de Hugues Boisvert, « Le modèle ABC. Du contrôle sanction au contrôle-conseil », publié dans la *Revue française de comptabilité*, juillet-août 1994, p. 39.

2. L'administration de ce questionnaire était sous la responsabilité de Hugues Boisvert, professeur à l'École des Hautes Études Commerciales de Montréal, et de Howard Armitage, professeur à la School of Accountancy of University of Waterloo.

3. Parmi ces personnes, 121 ont participé à un colloque organisé conjointement par la University of Waterloo School of Accountancy, Centre for Accounting Research and Education, et La Société des comptables en management du Canada, le 19 avril dernier, et 151 à un colloque organisé conjointement par le Centre de perfectionnement de l'École des Hautes Études Commerciales de Montréal (HEC), l'Ordre des comptables en management accrédités du Québec (C.M.A.) et la Société des comptables en management du Canada.

4. Anthony, Robert N., *Planning and Control System, a Framework for Analysis*, Harvard Business School Press, 1965.

5. Voir à cet effet l'article de Hugues Boisvert, *Revue française de comptabilité*, juillet-août 1994, de même que le chapitre «Les effets pervers du contrôle des coûts» dans *Le Contrôle de gestion, vers une pratique renouvelée*, ERPI, 1991, du même auteur.

6. Vers l'organisation du XXIᵉ siècle, textes rédigés par Jean-Marc Salvet, Presses de l'Université du Québec, 1993.

7. *Idem, ibidem.*

8. Les idées de cette section sont inspirées de Boisvert, Hugues, « A View of Tomorrow: Management Accounting in 2004 », *International Federation of Accountants*, Financial and Management Committee, 1994.

9. *Idem, ibidem.*

Les macroconcepteurs de la fonction finance-contrôle

par Marie-Andrée Caron

RÉSUMÉ

Les macroconcepteurs dont il est question ici sont des collaborateurs (consultant, coordonnateur de projets et vice-présidente, comptabilité et contrôle interne) engagés dans la reconstruction de fonctions finance-contrôle complexes. Le changement proposé par ceux-ci devient un moyen de préserver la participation de la fonction finance-contrôle aux décisions stratégiques et d'assurer son développement dans un environnement en évolution permanente.

Le cabinet Arthur Andersen & Cie, la Société d'électrolyse et de chimie Alcan ltée (SÉCAL) et Hydro-Québec forment à eux trois l'équipe de macroconcepteurs à travers laquelle nous verrons évoluer la fonction finance-contrôle en vue du XXIe siècle. Contrairement aux micropraticiens, qui font l'objet du chapitre suivant, les macroconcepteurs cheminent à partir de fonctions financières complexes qu'ils simplifient en suivant un plan de réaménagement. Ce plan concrétise l'application des trois « **r** » de Hammer[1], c'est-à-dire une rationalisation, des réaffectations et une reconception.

Les macroconcepteurs de ces trois entreprises sont respectivement Luc Martin, analyste-conseil, Alain Quenneville, coordonnateur des systèmes et processus financiers, et Carole Lamoureux, vice-présidente comptabilité et contrôle interne. Nous les avons interrogés par l'entremise d'entrevues semi-dirigées. En qualité de membres de la technostructure[2], ils font appel au réaménagement des processus afin de concevoir et de maintenir une structure permettant à leurs entreprises[3] de s'adapter à un environnement changeant. Plus spécifiquement, le changement proposé par ces derniers devient un moyen de préserver la participation de la fonction finance-contrôle aux décisions stratégiques et d'assurer son développement dans un environnement en évolution permanente.

Luc Martin propose un modèle élaboré sur la base des meilleures pratiques mondiales (MPM) ; Alain Quenneville a amorcé chez SÉCAL le développement d'un modèle et Carole Lamoureux, chez Hydro-Québec, a opéré des changements majeurs sur le plan des processus financiers. Au cours de ce chapitre, nous présentons, dans cet ordre, ces trois macroconcepteurs.

Arthur Andersen & Cᵉ : Luc Martin, analyste-conseil

Ce macroconcepteur procède, au préalable, à l'identification des pressions vers le changement. Il analyse ensuite l'impact de ces pressions vers le changement sur l'entreprise et, conséquemment, sur la fonction finance-contrôle. Luc Martin nous propose enfin de modifier le *corpus* des activités comptables et nous suggère un modèle servant de véhicule pour la vision émergente et comprenant les huit meilleures pratiques mondialement reconnues.

Identification des pressions vers le changement et de leur impact sur la fonction finance-contrôle

Au sein du cabinet-conseil Arthur Andersen & Cie, on reconnaît quatre pressions vers le changement susceptibles d'interpeller la fonction finance-contrôle au cours des années à venir. Il s'agit de la globalisation de l'économie, entraînant du même souffle une concurrence accrue; de l'aplatissement des structures hiérarchiques, répondant à un nouveau paradigme de décentralisation des pouvoirs et de responsabilisation du personnel; de l'ère de l'information; et, enfin, de la capacité accrue des nouvelles technologies. L'impact des pressions vers le changement se fait sentir sur l'entreprise dans son ensemble d'abord et, conséquemment, sur la fonction finance-contrôle.

La globalisation de l'économie

La globalisation de l'économie entraîne au sein de l'entreprise une accélération du phénomène de changement lui-même et un accroissement de l'importance à accorder à la stratégie et aux compétences distinctives. Elle contribue également à accroître la complexité et la taille des risques d'affaires assumés par les entreprises. En ce qui concerne la qualité et la pertinence de la fonction finance-contrôle, l'information fournie en temps réel pour l'ensemble de l'entreprise doit devenir une priorité afin de supporter la prise de décisions stratégiques. De plus, la fonction finance-contrôle se voit maintenant attribuer une nouvelle responsabilité, celle de contrôler le risque d'affaires de l'ensemble de l'entreprise.

> *Les cycles de vie des produits sont tellement accélérés que l'aspect stratégique devient de plus en plus important. Les risques d'affaires sont de plus en plus complexes et cela fait pression sur la fonction finance-contrôle pour qu'elle soit capable de participer à la gestion et de contrôler cette complexité.*

> Luc Martin, associé chez Arthur Andersen & Cie

L'aplatissement des structures

L'aplatissement des structures hiérarchiques réduit le nombre de niveaux séparant le gestionnaire et le client, ceci ayant pour effet d'accélérer le rythme de distribution de l'information et d'accroître le nombre de personnes concernées par celle-ci. Des modifications importantes influencent les mesures de performance, et conjointement, le système de rémunération. La rémunération se fera autant de façon individuelle que par équipe, avec une importance égale accordée aux mesures financières et non financières. La réduction du nombre de niveaux intermédiaires implique, de la part des effectifs de la fonction finance-contrôle, une plus grande mobilité vers les activités d'exploitation afin de rejoindre les utilisateurs de l'information. Simultanément, l'accès à l'information par de nombreux utilisateurs aura pour effet de renforcer la nécessité d'un contrôle accru de l'intégrité de l'information. En ce qui a trait aux mesures de performance, la fonction finance-contrôle aura très certainement pour rôle de faciliter la création de nouvelles mesures de performance contenant des mesures financières et non financières.

> *Les mesures de performance s'élargissent : depuis l'unique mesure du profit comme critère de performance, on reconnaît maintenant l'importance de la qualité du produit ou du service, la nécessité de délais courts pour la production et la livraison et le caractère vital d'une gestion du temps combinant rapidité et flexibilité. De plus en plus, la performance est évaluée selon ces nouvelles mesures. La fonction finance-contrôle est appelée à devenir responsable de la rigueur de cette information.*

Luc Martin, associé chez Arthur Andersen & Cie

L'ère de l'information

L'ère de l'information favorise l'apprentissage organisationnel et, avec elle, la connaissance devient un avantage compétitif. Les entreprises auront accès, en temps réel, à de l'information précise. La quantité d'information disponible risque cependant de devenir excessive. La fonction finance-contrôle devra avoir une vision globale de l'entreprise et de son environnement. Elle devra recueillir l'information, l'organiser et la rendre disponible au sein de l'entreprise, afin d'en constituer des synthèses et d'établir des priorités. La fonction finance-contrôle sera également appelée à faire des analyses de tendances et à collaborer à l'interprétation des nombreuses données rendues disponibles. Elle est appelée à devenir en quelque sorte une fonction à valeur ajoutée, c'est-à-dire capable de donner une signification à toute l'information dont les gestionnaires peuvent tirer profit.

La capacité accrue des nouvelles technologies

Avec les nouvelles technologies aux capacités accrues et notre apprentissage de ces dernières, l'efficacité, au lieu d'être un objectif à atteindre, devient un acquis vite répandu. Le temps de réaction est de plus en plus court et les occasions doivent être saisies de plus en plus rapidement. La répartition de l'information dans l'entreprise accélère le processus de prise de décision. Cependant, l'investissement technologique fait au sein de chacun des départements de l'entreprise a pour effet de créer entre eux certaines barrières. Ces changements dans l'entreprise se traduisent au sein de la fonction finance-contrôle par des pressions plus fortes pour rationaliser les processus financiers. Ainsi, des efforts accrus devront être fournis afin d'automatiser et de centraliser le traitement des données comptables provenant des différents départements. Et puisque l'intégrité de l'information se trouve menacée par l'arrivée massive de micro-ordinateurs répartis dans l'entreprise, la fonction finance-contrôle devra renforcer les contrôles afférents. Il lui revient également de développer les systèmes permettant de mesurer et de contrôler la performance de l'ensemble de l'entreprise.

Modification du *corpus* des activités comptables

En fin de compte, l'impact de ces pressions vers le changement devrait se traduire par une modification de la composition relative des activités exercées au sein de la fonction finance-contrôle. Nous subdivisons ces activités en trois regroupements : les activités de partenariat avec les autres départements ; le contrôle du risque ; l'enregistrement des transactions et la présentation de l'information financière.

Partenariat avec les autres départements

Jusqu'à maintenant, la fonction finance-contrôle exerçait un rôle de commandement envers les autres départements de l'entreprise en leur indiquant l'information pertinente à leur prise de décision, les critères de performance à atteindre et les systèmes de rémunération à implanter. La communication ne s'établissant que du haut vers le bas, nous ne pouvons pas parler de partenariat, ce rôle ayant été, par les années passées, quasi absent.

Les pressions vers le changement, telles que la globalisation de l'économie et l'aplatissement des structures, entraînent, au sein de toute l'entreprise, le besoin de recevoir de l'information de qualité en temps réel. Cependant, par la prolifération des micro-ordinateurs, les départements deviennent de plus en plus autonomes, c'est-à-dire capables de produire cette information. Cette plus grande indépendance de la part des départements menace la fonction finance-contrôle et l'oblige à adopter une attitude d'écoute. Ceci l'amène progressivement à agir en tant que partenaire uni aux autres départements dans un seul but, la survie de l'entreprise.

> *L'évolution majeure de la nature de notre intervention provient justement de cette idée de refonte. Il n'y a pas si longtemps, c'était la fonction finance-contrôle, la plus stable de l'entreprise, qui commandait aux autres départements les reconstructions à faire. Nos services auprès de la fonction finance-contrôle étaient surtout requis pour*

aider les gens de ce département à implanter de bons systèmes d'information. Maintenant, il semble que la fonction finance-contrôle doit changer pour se plier aux exigences des autres départements. Dépassant son rôle traditionnel de traitement des transactions financières, elle est maintenant interpellée pour établir une relation de partenariat avec les autres départements. Ce partenariat signifie donner de la bonne information aux départements afin de les aider dans leur gestion quotidienne.

Luc Martin, associé chez Arthur Andersen & Cie

En sortant de son rôle traditionnel de suivi des opérations et des activités financières, la fonction finance-contrôle est appelée à devenir un fournisseur de services à valeur ajoutée. Au lieu de suivre les données financières en aval, comme c'est le cas présentement, alors que l'accent est mis sur le contrôle interne et la présentation externe d'information financière, nous préconisons un traitement de l'information en amont, où l'accent sera mis sur le risque d'affaires et la formulation de stratégies. Du rôle de policier, la fonction finance-contrôle passe à un rôle de partenaire. Perçus souvent comme les avocats du diable, les gestionnaires de la fonction finance-contrôle sont appelés à participer activement à la résolution de problèmes et à suggérer des processus innovateurs.

Le traitement en aval traduit un certain repli de l'entreprise sur elle-même, puisqu'il s'agit de la transmission descendante de l'information dans l'entreprise afin d'en contrôler l'exactitude. Le traitement en amont traduit au contraire une ouverture de l'entreprise vers l'extérieur, puisqu'il s'agit de faire remonter l'information, des activités d'exploitation à la haute direction, pour juger de la pertinence des stratégies envisagées et évaluer le risque d'affaires.

Contrôle interne

Le contrôle du risque lié à l'enregistrement des opérations comptables, traditionnellement la force maîtresse de la fonction finance-contrôle, devra prendre de moins en moins d'importance au profit de la gestion du risque d'affaires de l'entreprise.

> *Au-delà du contrôle de l'exactitude de l'information venant de partout dans l'entreprise, le nouveau rôle de la fonction finance-contrôle est d'être le partenaire des autres fonctions, afin de protéger l'entreprise, d'assurer sa survie et de veiller à ce que les risques d'affaires soient bien évalués. Le contrôle interne va prendre une importance moindre au profit du contrôle des risques d'affaires.*

> *Pour suivre cette évolution, la composition du département finance-contrôle sera modifiée pour y inclure une plus grande part d'employés très scolarisés et soucieux d'acquérir une connaissance approfondie des activités de l'entreprise. Des stages dans les opérations seront requis des employés afin qu'ils puissent bien jauger les risques d'affaires de l'entreprise, pour après revenir dans la fonction finance-contrôle afin de s'assurer que ces risques sont gérés et contrôlés. Le nombre de commis comptables sera de plus en plus restreint, ces derniers étant remplacés par une simplification et une automatisation croissantes des systèmes d'information. Nous croyons même que la fonction finance-contrôle va se décloisonner pour accueillir des gens de marketing, de génie et d'autres domaines ayant de bonnes connaissances financières ajoutées à une solide formation de base dans leur domaine respectif.*

Luc Martin, associé chez Arthur Andersen & Cie

Les bouleversements économiques, structurels et technologiques invitent la fonction finance-contrôle, traditionnellement ancrée dans le contrôle du risque comptable, à identifier et à s'assurer que les principaux risques d'affaires de l'entreprise sont bien évalués. Cela implique, de la part des gestionnaires financiers, l'acceptation d'un partage de responsabilité : d'uniques responsables des contrôles (financiers), ils devront désormais accepter de partager la responsabilité du contrôle (des coûts) avec les gestionnaires de l'exploitation. Abandonnant un contrôle descendant des coûts (du haut de la hiérarchie vers le bas), des employés et de leur tâche, la fonction finance-contrôle est appelée à responsabiliser le personnel des différents départements afin qu'ils contrôlent eux-mêmes le risque et l'innovation de leur processus de travail. Il s'agit de les rendre responsables de leurs résultats. Ainsi libérés de leur rôle traditionnel de commandants, les gestionnaires financiers pourront dorénavant s'assurer que les risques d'affaires importants sont bien contrôlés. De cette manière, ils pourront devenir une véritable sentinelle pour l'entreprise.

Traitement de l'information financière

Afin de faire place aux activités de partenariat et de gestion des risques d'affaires, les activités liées à l'enregistrement des transactions financières, par la fonction finance-contrôle, sont appelées à devenir moins consommatrices de ressources. De plus, la nature même de ces activités est appelée à changer. Les principes de réaménagement (réingénierie) des processus devront être utilisés afin de rendre beaucoup plus efficaces les activités de traitement de ces transactions. À l'attention accordée aux données historiques et à la mesure du profit devra s'ajouter une vision à long terme axée sur la stratégie et sur la performance opérationnelle. Autrefois véhicule des procédures institutionnalisées, la fonction finance-contrôle devra prôner l'amélioration continue. La collecte et l'analyse d'information non financière s'ajouteront à celles des données financières.

Le système comptable dans son entier, traditionnellement complexe, détaillé, redondant et centré sur la dimension interne de la fonction finance-contrôle, devra procéder à une rationalisation de ses processus de façon à épurer les données produites, pour ne retenir que les données pertinentes. Cette pertinence ne sera dorénavant plus étalonnée à l'interne, mais par rapprochement avec les besoins des départements clients. Cette transformation au sein de la philosophie même du département finance-contrôle marque le chemin à parcourir pour devenir un véritable service à valeur ajoutée.

Bref, pour Luc Martin, la modification du *corpus* des activités comptables se résume à créer une fonction finance-contrôle qui **ajoute plus de valeur à un coût moindre**. Nous présentons au tableau 3.1 les dollars dépensés par la fonction finance-contrôle aujourd'hui et en l'an 2000, selon Arthur Andersen & Cie.

TABLEAU 3.1

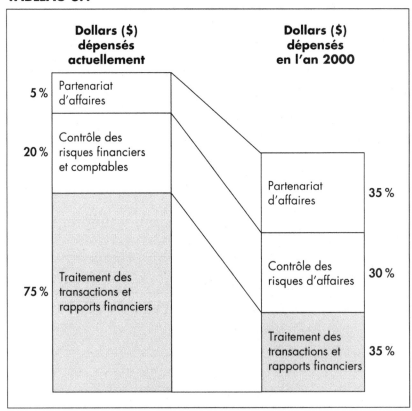

Au total, les dollars dépensés en l'an 2000 seront moindres, l'activité de *partenariat d'affaires* prendra beaucoup plus de place, le contrôle des risques financiers et comptables deviendra le contrôle des risques d'affaires, et le traitement des transactions et rapports financiers prendra beaucoup moins de place parce que centralisé et automatisé.

Une vision émergente de la fonction finance-contrôle

La prise de conscience de ces pressions vers le changement par le personnel de la fonction finance-contrôle et la recomposition relative de ses activités, avec prédominance pour le partenariat et la gestion des risques d'affaires, s'insère, chez Arthur Andersen & Cie, dans un processus visionnaire. Le concept de vision offre une ligne directrice et un cadre de référence pour orienter tant la réflexion que la pratique stratégique.[4] La vision est définie ici par la place que veut occuper éventuellement la fonction finance-contrôle au sein de l'entreprise. Puisqu'ils en sont à l'aube de leur réflexion, les consultants d'Arthur Andersen & Cie la qualifient de vision émergente, pas encore consolidée autour d'une vision centrale. Pour plusieurs entreprises clientes de ce cabinet-conseil, la réflexion est amorcée. Les pratiques concrètes s'implantent lentement, mais la réalisation d'une vision d'ensemble n'en est qu'à ses premiers balbutiements.

Les meilleures pratiques mondiales (MPM)

Afin d'aider ses clients à concrétiser leur vision émergente, le cabinet-conseil Arthur Andersen & Cie met à leur disposition une banque d'information obtenue par la sélection des meilleures pratiques mondiales des fonctions finance-contrôle. Nous y retrouvons huit tendances générales constituant les meilleures pratiques reconnues à l'heure actuelle dans la fonction finance-contrôle. Nous les présentons au tableau 3.2.

TABLEAU 3.2

Les meilleures pratiques mondiales (MPM)

1. Développer, pour évaluer le succès de la fonction finance-contrôle, des mesures de performance axées sur les besoins et les attentes des départements-clients.

2. Créer des outils d'analyse ajoutant de la valeur à l'entreprise, comme un outil de planification des frais de recherche et de développement incluant des indicateurs financiers et non financiers, une quantification du risque en fonction du rendement et l'étude de divers scénarios d'investissement.

3. Faire participer son personnel dans les opérations et intégrer la fonction finance-contrôle au sein des équipes interdisciplinaires.

4. Assurer une formation aux employés de la fonction finance-contrôle afin de perfectionner leurs connaissances générales, et aux employés des opérations pour améliorer leurs compétences en finances.

5. Intégrer les mesures de performance non financières aux systèmes contrôlés par la fonction finance-contrôle.

6. Déplacer le rôle de surveillance et de contrôle de la fonction finance-contrôle vers un rôle d'évaluation du risque d'affaires, d'analyse des processus et de développement de la stratégie.

7. Assigner la responsabilité des contrôles au niveau auquel le travail est effectué et intégrer les contrôles aux processus d'affaires.

8. Rationaliser, automatiser et centraliser l'enregistrement des transactions comptables.

Il s'agit, pour les concepteurs de la fonction finance-contrôle, de favoriser les échanges avec les autres départements et ce, de façon bidirectionnelle. D'après les MPM identifiées précédemment, les concepteurs cherchent à responsabiliser le cœur opérationnel en lui facilitant l'autocontrôle et ils cherchent, de surcroît, à former le personnel de la fonction finance-contrôle de façon à ce qu'il comprenne le processus opérationnel de l'entreprise. Une meilleure compréhension de ce processus mène invariablement la fonction finance-contrôle à identifier les points névralgiques de l'entreprise et à tenir compte de son risque d'affaires. Ce dernier est au centre des préoccupations des bâtisseurs de l'avenir de la fonction finance-contrôle. En rendant le cœur opérationnel maître de ses moyens et comptable de ses résultats[5], la fonction finance-contrôle devient un service à valeur ajoutée pour le reste de l'entreprise. Répondre au besoin pressenti à l'endroit et au moment requis, voilà le défi d'une fonction finance-contrôle projetée en plein cœur de départements responsabilisés.

En bref

Le service à valeur ajoutée et les préoccupations grandissantes pour les risques d'affaires sont deux concepts qui commandent une restructuration de la fonction finance-contrôle. Pour plusieurs, cette restructuration passe entre autres par la mise en place d'un concept de service partagé, celui-ci a pour but de libérer le personnel de la fonction finance-contrôle des tâches routinières tout en facilitant l'accès à l'information aux départements opérationnels. Une telle restructuration est proposée par Alain Quenneville, coordonnateur de l'équipe affectée à la reconception de la fonction finance-contrôle de la Société d'électrolyse et de chimie Alcan ltée (SÉCAL).

Société d'électrolyse et de chimie Alcan ltée (SÉCAL) : Alain Quenneville, coordonnateur des systèmes et processus financiers

La reconstruction de la fonction finance-contrôle est fortement dépendante de la trajectoire stratégique parcourue par l'entreprise. Par exemple, reconstruire la fonction finance-contrôle n'a pas la même signification pour SÉCAL, un division d'Alcan Aluminium ltée, que pour une PME ayant observé le respect de ses traditions[6] et dont les systèmes de contrôle ont été conçus de manière à laisser beaucoup de flexibilité aux utilisateurs.

Pour une grosse entreprise, il s'agit plutôt de composer avec un imposant arsenal de contrôles et cela implique une reconstruction revêtant souvent la forme d'une stratégie de réaménagement des processus. Pour SÉCAL, la reconstruction de la fonction finance-contrôle consiste en un vaste projet de réaménagement (réingénierie) comprenant trois étapes : d'abord l'établissement d'une vision, puis l'élaboration de plans stratégiques pour chacune des composantes de la vision et, finalement, la mise en place des acteurs pour réaliser ces plans.

Alain Quenneville, coordonnateur du programme de reconstruction de la fonction finance-contrôle de SÉCAL, stipule que la vision a été établie par une équipe regroupant plusieurs **détenteurs d'intérêts** : de SÉCAL proviennent le contrôleur, les directeurs des services financiers et des représentants des centres d'affaires (directeurs et contrôleurs) et du siège social Alcan Aluminium ltée provient un représentant de la fonction finance-contrôle. Les plans stratégiques et la mise en place des acteurs ont été confiés à une **équipe interne**. Les membres de cette équipe, coordonnée par Alain Quenneville, ont été choisis pour leur connaissance approfondie des affaires et leur savoir-faire dans la reconception (réingénierie) de processus. S'y joignent aussi au moment opportun des spécialistes des autres fonctions et des consultants externes.

Voyons maintenant ce que renferme cette vision articulée autour des concepts de partenariat et de production d'information stratégique. Nous explorerons ensuite le concept de service partagé et le nouveau rôle de partenaire d'affaires de la fonction finance-contrôle, à partir du plan de reconstruction de cette fonction élaboré chez SÉCAL.

D'abord la vision et ensuite la recherche de modèles

Dans un premier temps, une séance intensive a permis aux membres de l'équipe stratégique de faire ressortir les faiblesses des systèmes et des procédures actuelles, qui constituaient pour eux autant d'occasions de changement et d'amélioration. Ces occasions ont servi de base pour bâtir, dans un deuxième temps, la vision de ce que sera la fonction finance-contrôle au terme de sa reconception. Cette vision, guidant le développement ultérieur de modèles, se scinde en deux composantes.

Un modèle de partenariat

Une première composante de cette vision traite du rôle de la fonction finance-contrôle et envisage le partenariat d'affaires. La vision de la fonction finance-contrôle réaménagée prend la forme d'un modèle lui attribuant une nouvelle valeur ajoutée :

> *Traditionnellement, la valeur ajoutée de la fonction finance-contrôle était inhérente à la comptabilisation des transactions passées et à la fermeture des livres. Aujourd'hui nous proposons un modèle qui constitue une référence identifiant ce que représente le succès pour un employé de la fonction finance-contrôle. Ce modèle se veut une représentation de la culture et du savoir-faire dorénavant valorisés par la fonction. Nous y reconnaissons les domaines suivants :*
>
> *– la modélisation commerciale et la planification stratégique ;*
>
> *– la gestion de l'information ;*
>
> *– l'analyse de la planification des activités d'exploitation ;*
>
> *– les caractéristiques personnelles ;*
>
> *– la gestion des ressources humaines ;*
>
> *– la comptabilité, le contrôle interne et les différents concepts liés aux coûts.*
>
> Alain Quenneville, coordonnateur chez SÉCAL

En tant que partenaire d'affaires à l'interne, la fonction finance-contrôle reconnaît sa valeur ajoutée par rapport à la pertinence des services rendus à l'ensemble de l'entreprise, sur le plan des stratégies et de l'exploitation.

Réduction des coûts de la portion statutaire et de la production d'information stratégique

La deuxième composante de la vision de la fonction finance-contrôle réaménagée a trait à la production de l'information. Il existe au sein de la fonction deux processus de gestion de l'information. Le premier répond aux obligations statutaires propres au rôle traditionnel de la fonction, soit la production d'états financiers et de divers rapports financiers pour fins internes et externes. Ce rôle est assumé en consolidant les transactions comptables et en produisant des rapports standardisés et répétitifs. Selon Alain Quenneville, il convient donc pour la fonction de s'en acquitter de la façon la plus efficiente et efficace possible, au coût le plus bas. Pour y arriver, SÉCAL adopte un concept de service partagé consistant en une usine de traitement de transactions.

Le deuxième processus de gestion de l'information s'adresse aux besoins d'information stratégique nécessaire à la gestion des opérations de production. Le concept proposé pour répondre à ce besoin prévoit une gestion des données distincte de celle nécessaire pour répondre aux obligations statutaires. Les détenteurs d'intérêts sont actuellement partagés quant à l'objectif poursuivi et à la nécessité d'investissements majeurs à court terme dans ce domaine. Par ailleurs, les plus récentes générations de logiciels permettent d'implanter distinctement la gestion de ces deux processus.

> *L'information financière est-elle assez stratégique dans la gestion courante de nos activités de production pour justifier le déploiement de ce concept ? Est-il vraiment nécessaire pour nos gestionnaires d'avoir à portée de la main une banque de données dont ils peuvent extraire de l'information à valeur ajoutée, et ce, de façon immédiate ? Le débat est ouvert...*

Alain Quenneville, coordonnateur chez SÉCAL

Les deux types de requête, demande de réduction des coûts liés à la production d'information de nature statutaire et demande accrue pour de l'information stratégique, sont en quelque sorte complémentaires et accompagnent, par l'entremise du concept de service partagé, la fonction finance-contrôle dans son accession à un rôle de partenaire d'affaires. Fournir davantage d'information stratégique nécessite plus d'efficacité dans le traitement routinier des transactions comptables.

Le service partagé :
une usine de traitement des transactions comptables

Une vague de décentralisation a déferlé récemment dans le monde des affaires, entraînant avec elle la prolifération de systèmes comptables autonomes au sein de nombreuses entreprises aux allures de consortium (entreprises constituées d'un siège social et de filiales). SÉCAL ne fait pas exception, et cette prolifération de systèmes comptables autonomes a eu un impact direct sur la hausse des coûts de la fonction finance-contrôle.

La nouvelle usine de traitement des transactions comptables propose de regrouper celles qui proviennent des processus à haut volume transactionnel, tout en laissant la gestion aux centres d'affaires. Dans les faits, par exemple, on assiste à une concentration des activités de comptabilité financière, de traitement de la paie et de gestion des comptes fournisseurs. La comptabilité de gestion, la gestion des ressources humaines et la gestion des fournisseurs demeurent toutefois au niveau des centres d'affaires, de façon à respecter les besoins des clients internes et externes. Pour Alain Quenneville, c'est comme si l'effet de balancier entre la centralisation et la décentralisation avait trouvé un juste milieu.

Le déploiement du concept de service partagé requiert cependant un changement culturel important, autant de la part de la fonction finance-contrôle que des centres d'affaires clients. Traditionnellement, la communication allait des usines vers le siège social pour le traitement des transactions comptables, et les usines devaient répondre aux critères de performance imposés par le siège social. L'implantation d'un concept de service partagé change la relation en remettant aux centres d'affaires la responsabilité de la gestion et de l'évaluation du service partagé.

Le service partagé est implanté avec la volonté d'en retourner l'appropriation à l'ensemble de nos centres d'affaires. Dans ce concept, ces derniers maintiennent une relation « line » avec le service partagé. Les centres d'affaires unissent ainsi leurs efforts afin de se doter d'un service exceptionnel à des coûts comparables aux organisations de classe mondiale.

Alain Quenneville, coordonnateur chez SÉCAL

Le service partagé renferme de nombreux effets bénéfiques pour la fonction finance-contrôle, dont une réduction notable des coûts de la comptabilité financière et des autres processus à haut volume de transactions, mais surtout la libération d'énergie consacrée au développement d'un partenariat d'affaires.

Le partenariat d'affaires, un rôle en émergence

Les employés de la fonction finance-contrôle deviennent des généralistes d'affaires préoccupés par les questions financières. L'émergence de ce nouveau rôle se fera, selon Alain Quenneville, avec le temps, par des gestes collectifs et individuels. La fonction finance-contrôle est en changement et il lui revient de se faire valoir comme partenaire d'affaires. D'après lui, l'héritage du passé, sans qu'on doive le renier, ne permet généralement pas aux employés de cette fonction de s'improviser dans ce rôle en peu de temps. Il faut également acquérir la reconnaissance de ce rôle de la part de nos partenaires clients des autres fonctions.

J'ai constaté quatre phases dans la progression du rôle de la fonction finance ; il est très intéressant de comparer la première et la dernière. D'abord valorisée pour la quête de la conformité des données financières et pour la production des rapports financiers, elle passe ensuite par deux autres phases visant à nuancer ce rôle et elle souhaite aujourd'hui devenir un membre à part entière de l'équipe de gestion avec la nécessité de générer de l'information stratégique.

Alain Quenneville, coordonnateur chez SÉCAL

Voici les comportements que valorisera la fonction finance-contrôle dans l'avenir : développer des stratégies et des tactiques résultant d'une compétitivité de classe mondiale, se concentrer sur la planification de l'avenir, assister les gestionnaires dans le dépistage d'occasions d'affaires, déployer les nouveaux concepts de gestion stratégique des coûts et, enfin, devenir un agent de changement.

En bref

L'enjeu principal de ce vaste projet de réorganisation de la fonction finance-contrôle est, selon Alain Quenneville, d'abord et avant tout relié aux ressources humaines et à la culture. Ce n'est surtout pas une question de système miracle. L'informatique tiendra un rôle important dans la réussite de cette stratégie, mais sur un autre plan. Il faut d'abord engager l'ensemble du personnel dans une démarche de simplification et parfois même d'élimination des processus actuels.

> *Devenir membre d'une équipe de gestion implique, de la part des membres de la fonction finance, d'accepter l'arrivée de membres d'autres fonctions de l'entreprise. Je pense, entre autres, à des ingénieurs qui pourraient avoir des connaissances exceptionnelles en affaires et en finance. Cela implique également de partager la vision commune de l'entreprise et de devenir solidaire dans la prise de décisions.*

Alain Quenneville, coordonnateur chez SÉCAL

La mise en œuvre de la reconstruction de la fonction finance-contrôle de SÉCAL est planifiée de manière à obtenir au préalable l'aval et la participation des centres d'affaires, en tenant compte toutefois des barrières qui peuvent être érigées devant le processus de changement en cours de route.

Nous verrons avec Carole Lamoureux, vice-présidente comptabilité et contrôle interne, ce qu'impliquent les obstacles au changement, puisqu'elle a amorcé la reconstruction des activités financières d'Hydro-Québec.

Hydro-Québec : Carole Lamoureux, vice-présidente, comptabilité et contrôle interne

Avant d'évaluer l'impact des grands bouleversements environnants (aplatissement des structures et capacité accrue de la technologie informatique) sur la fonction finance-contrôle, nous traçons les grandes lignes de son évolution, telle que perçue par Carole Lamoureux. Nous présentons d'abord ce qu'elle nous relate sur la nature des activités comptables passées, puis son énoncé des activités comptables actuelles et enfin sa vision de ce que seront les activités de la fonction finance-contrôle d'Hydro-Québec dans l'avenir.

Nous analyserons ensuite l'impact de l'aplatissement des structures et de la capacité accrue de la technologie informatique sur la fonction finance-contrôle. Nous identifierons les obstacles au changement rencontrés par Carole Lamoureux, pour ensuite présenter les facteurs de succès ayant permis de faire progresser le programme de reconstruction de la fonction finance-contrôle d'Hydro-Québec.

Évolution de la fonction finance-contrôle[7] d'Hydro-Québec

L'évolution de la fonction finance-contrôle d'Hydro-Québec a pris la forme d'une redéfinition du partage des rôles entre les gestionnaires des opérations, le personnel des centres comptables des régions et des groupes, ainsi que le personnel du centre comptable de la fonction Finances et Planification du siège social. Il nous apparaît donc essentiel de donner, au préalable, les grandes lignes de la structure administrative d'Hydro-Québec, en précisant les éléments touchés par un réaménagement des processus. Nous présentons ces éléments au tableau 3.3.

TABLEAU 3.3

Structure administrative avant la reconstruction	
Groupe Finances et Planification	1 centre comptable
Groupe Équipement	1 centre comptable
Groupe Technologie et IREQ	1 centre comptable
Au total : 3 groupes	**3 centres comptables**
Clientèle et distribution	5 centres comptables
(5 régions)	(soit 1 par région)
Production, transport et télécommunication	5 centres comptables
(5 régions)	(soit 1 par région)
Au total : 10 régions administratives	**10 centres comptables**
(45 secteurs et 2 000 gestionnaires)	

**Il y avait au total 13 centres comptables,
soit 1 par groupe et 1 par région administrative**

Auparavant, le gestionnaire qui amorçait une transaction devait la faire approuver par le contrôleur régional, documents à l'appui, avant qu'elle puisse être saisie par le personnel de l'atelier informatique et ultérieurement payée. Si le contrôleur régional ne donnait pas son accord, le paiement de la transaction était refusé et les documents retournés au gestionnaire. Par son intervention, le contrôleur régional agissait à titre de commandant intermédiaire entre les gestionnaires et l'atelier informatique. Il pouvait même refuser le paiement d'une transaction antérieurement amorcée par le gestionnaire. De plus, une équipe d'évaluateurs, présente dans chacun des centres comptables, veillait au respect des contrôles internes et soumettait ses rapports au groupe Finances et Planification. Ces derniers constituent en quelque sorte un outil de travail pour les gestionnaires régionaux leur permettant de rendre compte à la direction de la fiabilité des transactions financières.

L'inscription et le contrôle des transactions comptables faisaient ainsi l'objet d'un dédoublement. Les transactions étaient amorcées par le gestionnaire régional et saisies ultérieurement par le personnel à l'informatique. De plus, elles étaient contrôlées par le contrôleur d'abord et finalement par l'équipe d'évaluateurs, ce qui engendrait, selon Carole Lamoureux, des coûts excessifs et une imputabilité multiple. Et la très grande dispersion régionale des 13 centres comptables a entraîné l'absence de masse critique de transactions et d'uniformité des processus, contribuant ainsi à l'augmentation des coûts.

La fonction finance-contrôle, sous la direction de Carole Lamoureux, s'est donc donné la mission d'améliorer l'efficacité et l'efficience des activités comptables. Le traitement des transactions financières a maintenant cessé de faire l'objet d'un dédoublement à l'inscription et au contrôle. Dorénavant, les gestionnaires saisissent eux-mêmes les transactions comptables dans le système informatique, sans l'intervention du personnel comptable. Les pièces justificatives demeurent au poste de travail, et les gestionnaires approuvent eux-mêmes les transactions, ce qui, grâce à l'informatique, en assure le paiement sans autres intermédiaires. À la suite d'une plus grande responsabilisation des gestionnaires de secteurs, le rôle des comptables a été largement modifié, et les ateliers informatiques ont été éliminés.

Les activités comptables, au lieu d'être dispersées parmi les régions, sont dorénavant centralisées au sein du groupe Finances et Planification, sous la responsabilité de la vice-présidente comptabilité et contrôle interne, Carole Lamoureux. Avec la rupture de la trilogie comptable–gestionnaire–atelier informatique, les 12 centres comptables régionaux et de groupes disparaissent et le 13ᵉ, celui du groupe Finances et Planification, se sépare en trois unités de service spécialisées. Une première unité de service assure le paiement des comptes fournisseurs, une deuxième assure la perception des comptes à recevoir autres que ceux des abonnés et une troisième gère la paie et les remboursements de dépenses aux employés.

Ces unités de service spécialisées assurent la concentration des ressources et la centralisation du pouvoir en matière de gestion de l'information financière. Concrètement, cela signifie un seul centre de paie, un seul centre de paiement des comptes fournisseurs et un seul centre de facturation aux tiers autres que les abonnés. D'après Carole Lamoureux, la performance des comptables réunis en équipes de travail s'en trouve accrue. Par ce mécanisme de centralisation, les processus comptables sont standardisés, réduisant par la même occasion les coûts des activités comptables et améliorant la qualité de l'information financière. De plus, l'imputabilité est maintenant unique. Nous présentons au tableau 3.4 la

TABLEAU 3.4

Structure administrative après la reconstruction	
Groupe Finances et Planification	3 unités de service spécialisées
	– paiement des comptes fournisseurs
	– service de paie et remboursement des dépenses aux employés
	– perception des comptes à recevoir autres que ceux des abonnés

structure après la reconstruction.

Essentiellement, il s'agit d'une responsabilisation accrue des gestionnaires des opérations, à l'aide d'un système informatique hautement perfectionné, permettant du même coup la disparition des centres comptables des régions et des groupes, ainsi que la création d'unités de service spécialisées. Il s'agit donc du partage du pouvoir entre les gestionnaires des opérations et le groupe Finances et Planification au détriment des centres comptables des régions et des groupes.

Le traitement des données comptables suit donc deux mouvements : le premier vers la responsabilisation des gestionnaires de secteurs dans le traitement à la source des transactions, par l'entremise du perfectionnement de la technologie informatique, et le second, en sens inverse, vers une centralisation accrue des activités comptables, grâce à des unités de service spécialisées. L'objectif ultime de la direction d'Hydro-Québec semble toutefois être la recherche d'une responsabilisation unique, provenant des gestionnaires des opérations.

Les comptables, traditionnellement responsables du traitement à la source des transactions financières, ont maintenant comme rôle d'assister les gestionnaires dans la formation, l'accès à l'information et l'encadrement des activités des régions. Ils sont devenus en quelque sorte les agents de formation, de liaison, les patrouilleurs de la fonction finance-contrôle du siège social. Ils assurent un soutien aux régions en tant que personnes-ressources en matière de traitement des transactions financières. Les évaluateurs, pour leur part, travaillent toujours dans les centres régionaux, puisque les vice-présidents à l'exploitation les considèrent comme de véritables outils de travail.

Une sentinelle pour l'avenir

Carole Lamoureux prévoit, pour l'avenir de la fonction finance-contrôle chez Hydro-Québec, l'optimisation complète des processus de travail, de l'utilisation des ressources humaines et de la technologie informatique, notamment des systèmes conviviaux et de l'échange électronique de données *(EDI : electronic data interchange)*. Lorsque le système informatique aura atteint le niveau de perfectionnement nécessaire à la redistribution de l'ensemble des activités comptables vers les gestionnaires des opérations, la fonction finance-contrôle pourra se consacrer entièrement à son nouveau rôle.

Plus précisément, le personnel de la fonction finance-contrôle agira à titre de concepteur de la structure d'information nécessaire, une comptabilité par activités, pour permettre une gestion par les processus d'affaires. Il agira également à titre de facilitateur de l'accès à l'information et de partenaire dans l'assurance-qualité au sein d'Hydro-Québec dans son ensemble. Libérée de son rôle de commandant pour le reste de l'entreprise par le perfectionnement du système informatique, la fonction finance-contrôle d'Hydro-Québec entend, dans l'avenir, agir comme une sentinelle, c'est-à-dire protéger l'entreprise en lui assurant qualité, épuration de ses processus d'affaires et accès à l'information pour tous les niveaux hiérarchiques.

D'après Carole Lamoureux, l'accroissement des engagements de performance de la part des entreprises appelle la fonction finance-contrôle à jouer un rôle proactif de façon à refléter plus adéquatement les besoins des gestionnaires de l'entreprise dans les systèmes comptables. Ces systèmes devront être de plus en plus intégrés et complémentaires aux systèmes de gestion.

Impact des grands bouleversements environnants sur la fonction finance-contrôle d'Hydro-Québec

Carole Lamoureux reconnaît l'effet notable de l'aplatissement des structures et de la capacité accrue de la technologie informatique sur l'évolution de la fonction finance-contrôle d'Hydro-Québec. Nous étudions leur impact simultanément, car ces phénomènes sont survenus conjointement. En effet, l'aplatissement des structures a été rendu possible par le perfectionnement du système informatique.

La section comptabilité et contrôle interne du groupe Finances et Planification d'Hydro-Québec a été créée à la suite à la disparition progressive de l'influence de la région (centres comptables régionaux) au profit d'une plus grande responsabilisation des secteurs. Sous la direction de Carole Lamoureux, la section comptabilité et contrôle interne abrite les **unités de service spécia-**

TABLEAU 3.5

Objectifs de la reconstruction
1. Une organisation centrée sur le client
2. Une organisation à imputabilité exclusive
3. Une organisation favorisant l'autonomie d'action
4. Une organisation efficace
5. Une organisation favorisant le développement du savoir-faire

lisées. Elle identifie les cinq objectifs suivants comme ayant servi de référence dans l'élaboration d'un tel changement. Ces objectifs sont énumérés au tableau 3.5.

1. Une organisation centrée sur le client

Créer une organisation centrée sur le client signifie pour Hydro-Québec offrir une seule porte d'entrée pour un produit ou un service donné et faire en sorte que chaque unité soit responsable des services rendus à ses clients. Ainsi la chaîne entre les fournisseurs et les clients est moins longue, et une valeur ajoutée est plus facilement identifiable.

2. Une organisation à imputabilité exclusive

Créer une organisation à imputabilité exclusive signifie qu'une seule unité doit être responsable de fournir un produit ou un service spécifique à un client donné. Une seule unité doit être totalement responsable des résultats, même si certains produits ou services lui sont fournis par d'autres unités. De plus, le nombre de subordonnés par supérieur doit être augmenté de façon à renforcer le niveau de responsabilisation. Le rôle d'encadrement stratégique doit, pour sa part, demeurer au siège social, au sein d'une seule unité administrative.

3. Une organisation favorisant l'autonomie d'action

Les unités devraient être en mesure d'assumer efficacement leur mission et être autonomes, car elles assument des rôles essentiels du cycle de gestion. Le soutien technique et administratif requis par les unités d'exploitation de base ne comporte que deux paliers. Chaque unité contrôle son processus.

4. Une organisation efficace

La majorité des activités doivent être centralisées dans des unités de service autonomes, ces dernières étant munies d'une spécialisation claire. Et le nombre de niveaux hiérarchiques doit être réduit au maximum de façon à réduire le plus possible les coûts de fonctionnement.

5. Une organisation favorisant le développement du savoir-faire

La concentration des activités au sein des unités favorise le développement du savoir-faire et une masse critique peut être obtenue dans les activités spécialisées.

Identification des barrières contre le changement et des facteurs de succès pour Hydro-Québec

Des réticences sont propres aux trois sources de changement impliquées, soit dans les façons de faire (nouveaux processus), dans les outils utilisés (nouvelle technologie) et dans la culture de l'entreprise. Les changements dans les façons de faire sont mis en œuvre par l'entremise de nouveaux processus avec, par exemple, la création des unités de service spécialisées et une plus grande responsabilisation des gestionnaires à la base. La disparition de la vérification systématique de la part de la section comptabilité du siège social, avant le paiement, impose de profondes modifications dans les façons de faire. L'évolution du système informatique permet aux gestionnaires d'effectuer, sans intermédiaire, les transactions financières sous leur responsabilité. Ils doivent élargir leurs habiletés, ce qui cause certaines réticences de leur part.

À titre d'exemple de transformation de culture, citons les remboursements des dépenses du personnel. Autrefois, ces remboursements étaient effectués par l'entremise des 300 petites caisses ; la disparition de celles-ci a entraîné du même coup un contrôle plus serré des dépenses. Elles sont dorénavant payées une fois par semaine, et le paiement est déposé directement dans le compte des employés par virement bancaire. L'acceptation de cette nouvelle pratique a, d'après Carole Lamoureux, nécessité une transformation majeure de mentalité au sein du personnel d'Hydro-Québec.

De plus, la relocalisation de plusieurs employés, la réalisation de nouvelles activités et l'appropriation de plusieurs nouveaux processus à l'intérieur d'un court délai sont des changements d'envergure qui n'ont pas été menés sans réticences de la part des employés.

Malgré ces réticences, Carole Lamoureux affirme que l'opération a été couronnée de succès. Ce succès est fortement tributaire de la manière dont le changement a été mené : des engagements fermes ont d'abord été obtenus auprès des niveaux hiérarchiques, une entente a été conclue au préalable avec la partie syndicale, et un accord a été établi avec la haute direction pour procéder à des réaménagements de processus ayant des répercussions sur tous les employés. Puis une stratégie d'implantation, consistant en un vaste programme de formation des employés concernés, avait aussi été développée au préalable pour faciliter la transition de l'ancienne à la nouvelle façon de faire.

La réorganisation de la fonction finance-contrôle d'Hydro-Québec a été fondée sur des analyses très rigoureuses devant démontrer la possibilité de réaliser des gains tangibles. Une importante campagne d'information sur les changements à venir a également été menée, traversant tous les échelons de l'entreprise. Cette campagne a été suivie par un mouvement de consultation auprès des principaux intéressés pour ensuite déboucher sur la mobilisation et l'engagement des ressources.

Carole Lamoureux constate la réussite de son équipe dans la réalisation des étapes suivantes : le diagnostic et les propositions d'orientation, l'adoption de la nouvelle structure organisationnelle, la modification du contenu de la majorité des postes de cadres et de spécialistes, le processus d'adéquation « personne-poste » et la réaffectation conséquente de la majorité du personnel de la fonction, la refonte des processus et leur soutien par des systèmes adéquats, l'implantation de nouveaux processus à travers l'entreprise et, enfin, la création des unités de service spécialisées.

Les étapes encore à réaliser sont les suivantes : rendre complètement opérationnelles les unités de service spécialisées en comblant, entre autres, les postes restés vacants ; effectuer les vérifications de conformité pour s'assurer du bon fonctionnement des processus ; et, enfin, réaliser l'évaluation et le bilan de la réorganisation de la fonction.

En bref

Chez Hydro-Québec, on centralise pour mieux décentraliser. La création des unités de service spécialisées permet d'effectuer la standardisation des processus comptables pour permettre leur décentralisation éventuelle. La standardisation a pour objet de rendre la technologie plus accessible aux gestionnaires. Il s'agit cependant d'une décentralisation épurée, évitant le piège des coûts exorbitants, de l'imputabilité multiple, de l'absence de masse critique de transactions et de l'absence de consensus dans le choix des procédures comptables, avec tout ce que ces pièges impliquent de pertes en efficacité et en efficience. Lorsque la fonction finance-contrôle sera à nouveau libérée des activités liées au traitement des transactions financières, elle pourra jouer pleinement son rôle de sentinelle et agir à titre de catalyseur par un contrôle interactif[8] unissant les gestionnaires et le personnel comptable du centre comptable du groupe Finances et Planification. Ce type de contrôle favorise l'émergence de nouvelles stratégies devant permettre à Hydro-Québec de conserver sa position concurrentielle.

CONCLUSION

À travers les modèles proposés, nous assistons à une redéfinition de la mission de la fonction finance-contrôle. Elle devra désormais élargir son rôle de productrice d'information financière jusqu'à devenir un partenaire d'affaires avec les autres départements. L'échange entre la fonction finance-contrôle, faisant partie de la technostructure, et le cœur opérationnel est appelé à revêtir une tout autre forme. En allégeant la fonction finance-contrôle, les macroconcepteurs chez Arthur Andersen & Cie, SÉCAL et Hydro-Québec cherchent à responsabiliser davantage le cœur opérationnel. En retour, la fonction finance-contrôle sera davantage interpellée par le cœur opérationnel pour devenir un service à valeur ajoutée.

La notion même de contrôle s'en trouve renforcée et élargie. Le contrôle est renforcé parce que la centralisation des activités de traitement de l'information comptable, prenant la forme d'un concept de service partagé (SÉCAL) ou d'unités de service spécialisées allant de pair avec le perfectionnement de la technologie informatique mise à la disposition du cœur opérationnel (Hydro-Québec), assure un meilleur contrôle par une plus grande uniformité des processus et une imputabilité exclusive. Et le contrôle s'est élargi, car les risques d'affaires font dorénavant partie des risques à contrôler.[9] Le dernier « exposé-sondage » de l'ICCA propose d'établir un moyen pour permettre aux vérificateurs de la fonction finance-contrôle de vérifier la capacité de la direction à évaluer l'impact des sources de changements socio-économiques sur l'entreprise. Cela relève du contrôle stratégique et incite la fonction finance-contrôle à devenir une sentinelle pour l'entreprise.

NOTES ET RÉFÉRENCES

1. Hammer, M., Champy, J., *Reengineering the Corporation*, Harper Business, 1993.

2. Une explication de ce terme est donnée plus loin avec le macroconcepteur Hydro-Québec.

3. Pour Luc Martin, analyste-consultant pour Arthur Andersen & Cie, il s'agit des entreprises clientes.

4. Filion, L.J., « Le développement d'une vision : un outil stratégique à maîtriser », *Gestion*, vol. 14, n° 3, 1989, p. 24 à 34.

5. Côté, Marcel, *Individu et entreprise, habiletés et exigences des années 70 et 2000*, texte inédit, École des HEC, 1994.

6. Miller, Danny, « Le paradoxe d'Icare », *Revue Internationale de Gestion*, septembre 1991, p. 33.

7. Madame Lamoureux est vice-présidente comptabilité et contrôle interne du groupe Finances et Planification. Aussi, pour cette section traitant d'Hydro-Québec, devrions-nous avoir en tête la comptabilité et le contrôle interne du groupe Finances et Planification lorsque nous écrivons la fonction finance-contrôle.

8. Simons, Robert, « Les systèmes de contrôle et la gestion stratégique : pourquoi réinventer la roue ? », *Gestion*, vol. 14, n° 3, septembre 1989, p. 105 à 108.

9. Institut canadien des comptables agréés (ICCA), Directives sur les critères de contrôle, Exposé-Sondage, 1994.

Au cœur de l'action, les micropraticiens reconceptualisent la fonction finance-contrôle différemment

par Marie-Andrée Caron

RÉSUMÉ

Les micropraticiens sont des gestionnaires de la fonction finance-contrôle qui, à la différence des macroconcepteurs, travaillent au sein d'une entreprise où l'on favorise un style de gestion organique. La fonction finance-contrôle n'est plus à reconstruire chez Plastiques M & R inc., entreprise dépourvue de toute lourdeur bureaucratique ; elle dispose, semble-t-il, de toute la flexibilité nécessaire au maintien de son rôle de sentinelle. La présentation des changements aux employés des divisions opérationnelles sous une forme compréhensible et attrayante, l'accès facile à l'information du système centralisé et la possibilité de remodélisation personnalisée de cette dernière sont autant d'éléments capables, de l'avis de la vice-présidente aux finances chez SITQ Immobilier, de catalyser des échanges constructifs entre la fonction finance-contrôle et les divisions opérationnelles. Robert Harritt, chez Le groupe Ro-Na Dismat inc., mise sur l'implantation d'un système d'information intégré réunissant l'ensemble du vaste réseau coopératif et sur la préservation de la flexibilité dans la conception des contrôles afin de demeurer à l'affût des tendances concurrentielles.

Les entreprises SITQ Immobilier, Plastiques M & R inc. et Le groupe Ro-Na Dismat inc. ont été retenues pour faire partie de l'équipe de micropraticiens et vous sont présentées dans cet ordre. La taille et le style de gestion organique de ces entreprises ont justifié leur classement parmi les micropraticiens, car, contrairement aux macro-concepteurs, leur fonction finance-contrôle n'a pas pris des proportions telles qu'un réaménagement total des processus devienne nécessaire. Nous avons rencontré la personne la plus influente au sein de la fonction finance-contrôle de chacune de ces entreprises afin qu'elle nous fasse part de ses prévisions quant à l'avenir de la fonction.

Pour Louiselle Paquin, vice-présidente des finances chez SITQ Immobilier, les sources de changement socio-économiques identifiées au chapitre précédent par les macroconcepteurs ne commandent pas un bouleversement majeur au sein de sa fonction puisque, de concert avec son équipe, elle opère quotidiennement des remises en question et effectue les changements appropriés de façon progressive. SITQ Immobilier renferme donc une fonction finance-contrôle soumise à la réflexion ininterrompue de ses administrateurs.

John Babiak, directeur financier de Plastiques M & R inc., se dit surpris d'apprendre que des entreprises doivent procéder à des réaménagements majeurs de leurs processus financiers. Ayant toujours maintenu beaucoup de flexibilité dans le processus d'implantation des contrôles, il fait profiter l'ensemble de son entreprise d'un atout important : une fonction finance-contrôle malléable au gré des grands bouleversements socio-économiques.

Robert Harritt, vice-président finances et administration du groupe Ro-Na Dismat inc., souligne pour sa part l'importance pour la fonction finance-contrôle de remplir, comme les autres départements de l'entreprise, une mission entrepreneuriale. Cela signifie qu'il faut considérer les utilisateurs de l'information comme des clients à l'interne et leur rendre service de manière efficace et efficiente, en tenant compte de leurs besoins. Les départements en contact direct avec le client externe, comme le marketing et la distribution, représentent, au chapitre de la mission entrepreneuriale, le modèle à suivre.

Afin de faciliter la comparaison de l'action menée par chacun de ces trois micropraticiens, nous avons structuré leur exposé de manière à respecter un cadre uniforme et nous vous suggérons d'en aborder les éléments dans l'ordre suivant : une brève présentation de la mission de leur entreprise ; l'apport de la fonction finance-contrôle à la gestion opérationnelle et à la gestion stratégique ; l'évolution de la fonction finance-contrôle entre le passé et l'avenir, en passant par une brève description de ce qu'elle réalise actuellement ; l'impact des grands bouleversements socio-économiques tels que la mondialisation, l'aplatissement des structures, la technologie informatique et l'économie de l'information sur la fonction finance-contrôle ; enfin, l'identification des obstacles au changement susceptibles de nuire à l'évolution de la fonction finance-contrôle ainsi que les habiletés requises chez les administrateurs de cette fonction.

SITQ Immobilier : une fonction finance-contrôle soumise à la réflexion ininterrompue de ses administrateurs

Mission de l'entreprise

L'entreprise SITQ Immobilier a pour mission de gérer trois portefeuilles distincts, soit la location d'immeubles abritant des bureaux, des industries et des commerces. Pour certains, elle détient une participation minoritaire et, pour d'autres, elle détient une participation majoritaire. Elle est appelée, dans l'avenir, à détenir des participations grandissantes dans la gestion des immeubles.

Apport de la fonction finance-contrôle

... à la gestion opérationnelle

La fonction finance-contrôle de SITQ, sise au siège social, contribue à la gestion opérationnelle en informant les gestionnaires d'immeuble. La vice-présidente finances, Louiselle Paquin, participe, en quelque sorte, à la gestion des immeubles à usage locatif. Et elle agit comme catalyseur auprès des gestionnaires d'immeuble afin d'engendrer de nouveaux besoins en information.

... à la gestion stratégique

La fonction finance-contrôle de SITQ participe à l'analyse de nouveaux investissements, localement et à l'étranger.

Évolution du rôle du personnel de la fonction finance-contrôle : passé, présent et avenir

Par le passé, le personnel de la fonction finance-contrôle s'acharnait à produire de l'information financière. Il s'agissait, dans un premier temps, de produire les états financiers à titre de service de gestion à ses clients gestionnaires d'immeubles. Dans un deuxième temps, il s'agissait de bâtir ses propres états financiers sur la base de la consolidation des résultats financiers de différents portefeuilles afin de présenter les états financiers du consortium.

Actuellement, l'intérêt grandissant de SITQ Immobilier dans la détention d'une participation dans les immeubles gérés amène le personnel de la fonction finance-contrôle à rechercher de l'information stratégique sur les performances économiques potentielles de leurs placements et sur les risques des marchés étrangers.

Dans l'avenir, le perfectionnement de la technologie informatique, en rendant encore plus simple l'intégration de l'information opérationnelle et financière, facilitera la conduite d'analyses comparatives. Cependant, des difficultés considérables préoccupent actuellement le personnel de la fonction finance-contrôle. Elles ont trait à l'impossibilité de comparer les rapports de ventes des différents portefeuilles. Les loyers nets au pied carré, par exemple, sont difficilement comparables. L'absence de système de normes gouvernant l'information de gestion rend actuellement difficile toute comparaison, mais ouvre la voie à tout un domaine inexploré et captivant pour le personnel de la fonction finance-contrôle de SITQ Immobilier.

Impact sur la fonction finance-contrôle de SITQ Immobilier

... de la mondialisation et de la concurrence accrue

SITQ Immobilier vise actuellement la diversification internationale. Cela représente pour l'entreprise un grand bouleversement. Cette stratégie, comportant d'importantes questions de trésorerie, de gestion du risque de change et de fiscalité, fait appel à la fonction finance-contrôle, sise au siège social. L'Angleterre, l'Irlande, la Belgique et le Mexique constituent autant d'endroits où le consortium immobilier achète des immeubles à usage locatif afin de diversifier son portefeuille. Il s'agit pour SITQ Immobilier d'activités de placement ne comportant cependant pas le volet gestion, inclus dans ses activités d'origine. La gestion de ces immeubles fait appel aux ressources locales, car ces dernières sont les mieux informées. Le risque d'affaires auquel doit faire face SITQ Immobilier prend ainsi des proportions nouvelles.

Louiselle Paquin, vice-présidente aux finances, prévoit les proportions suivantes d'ici trois ans : 50 % du portefeuille sera constitué de placements internationaux et 50 % de placements gérés localement. Cela n'est pas sans causer des tiraillements de mentalité, de compétences et d'allocation des ressources.

Dans certains cas cependant, comme en Angleterre, SITQ Immobilier fait profiter d'autres pays de son savoir-faire en gestion immobilière. La gestion des centres commerciaux en Angleterre représente pour SITQ un créneau intéressant, puisque c'était un marché institutionnalisé et peu dynamique. Le consortium immobilier s'est associé avec des entrepreneurs de la région en parts égales, afin d'échanger son expertise en gestion immobilière contre leur connaissance des spécificités de leur milieu.

Sur le plan de la concurrence, SITQ Immobilier ne pressent pas actuellement de concurrence étrangère au sein de son marché local. Et, sur le plan international, elle se dirige vers des marchés où elle peut aisément s'établir un créneau.

... de la réorganisation des structures de l'entreprise (aplatissement des structures)

Chacune de ses divisions immobilières (une commerciale, deux bureaux et une industrielle) profite d'une structure décentralisée et contient trois équipes (une équipe comptable, une équipe de location et une équipe de gestion immobilière), chapeautées par un vice-président aux opérations. Cette structure a été implantée chez SITQ Immobilier pour rapprocher l'entreprise de ses clients. La fonction finance-contrôle, située au siège social, dessert l'ensemble de l'entreprise. Nous sommes donc en présence d'une structure mixte.

Le rôle de Louiselle Paquin, à titre de vice-présidente aux finances, consiste à superviser les équipes comptables des divisions et l'équipe comptable du siège social chargée des placements immobiliers. De plus, elle s'assure de la qualité des systèmes d'information et de la standardisation des politiques et des procédures. Elle se déclare responsable de l'information, de sa qualité et de sa structure. Les systèmes d'information sont également sous sa responsabilité. Mais au-delà de la production des états financiers, elle a pour mission de fournir de l'information utile aux gestionnaires.

Sur le plan de l'aplatissement des structures, peu de développements ont été réalisés jusqu'à maintenant. SITQ Immobilier s'apprête à instaurer un programme de formation continue afin de rendre plus compétents les employés des divisions de l'entreprise. À l'inverse, avec l'avènement de la prise de possession par SITQ Immobilier d'immeubles loués, une remise en question sérieuse est née quant à la recentralisation de la fonction finance-contrôle. D'après Louiselle Paquin, il n'est pas certain que les divisions de l'entreprise doivent posséder chacune leur propre équipe comptable. Elle croit qu'elles ont davantage besoin d'outils pour les aider dans leur démarche auprès des clients que d'être responsables de l'information financière.

... de l'informatique et de son impact sur les processus de gestion

Louiselle Paquin définit la fonction finance-contrôle de son entreprise comme un fournisseur d'information. Elle a donc participé au réaménagement du système d'information de SITQ Immobilier. Au-delà du changement de la quincaillerie informatique, il y a eu un réel changement d'approche.

Autrefois, les gestionnaires étaient dépendants des comptables, car ces derniers possédaient des terminaux informatiques. Les gestionnaires seuls, qui étaient dépendants de ce que les comptables produisaient pour eux sur papier, ont profité de la modernisation de l'équipement pour renverser cette approche au profit de l'instauration d'un réseau d'information intégré. Ce réseau, constitué d'un ratio de un terminal pour deux employés, s'étend jusqu'aux centres commerciaux en région. Les utilisateurs peuvent enregistrer de l'information dans le système et en recevoir. **La circulation de l'information et son accès direct** est un principe important pour SITQ Immobilier. Gérer la qualité et l'utilisation de cette information au sein d'une entreprise décentralisée représente, d'après la vice-présidente aux finances, un défi de taille.

Louiselle Paquin se dit satisfaite de la qualité des contrôles, mais il y a, d'après elle, encore du travail à faire sur le plan de l'information de gestion. L'information comptable financière traditionnelle profite d'un ensemble de normes, d'une histoire, voire même d'une tradition. De plus, elle tire avantage d'un personnel formé au respect de ses normes. La vice-présidente aux finances de SITQ Immobilier illustre ainsi le vide normatif entourant l'information de gestion. Elle se propose de le combler, et SITQ Immobilier agit en cette matière à titre de précurseur. Louiselle Paquin souhaite, dans un avenir prochain, fournir aux gestionnaires de l'information dont l'exactitude serait assurée de façon systématique.

La prolifération des terminaux informatiques au sein de SITQ Immobilier a facilité l'accès en masse à l'information, mais elle a mis en lumière le manque de contrôle assurant l'exactitude et la « comparabilité » de l'information. Cette situation représente un défi de taille qu'entendent relever la vice-présidente aux finances de SITQ Immobilier et son équipe.

Ensemble, ils élaborent actuellement un tableau de bord informatisé permettant aux gestionnaires d'immeubles à usage locatif d'aller chercher directement des données dans le système informatique central, sous une forme graphique, très visuelle. Ils ont formé un groupe de travail, composé du président, d'un vice-président des opérations et de la vice-présidente aux finances, de façon à déterminer au préalable les critères de performance les plus importants. Ensuite, il faut s'assurer que l'information disponible au bout du compte soit suffisamment détaillée pour que les gestionnaires la trouvent assez pertinente en ce qui concerne les indicateurs de performance.

... de l'économie de l'information (« super-autoroute de l'information »)

Sans croire à l'entreprise « sans papier » (*the paperless organization*), SITQ Immobilier conçoit, conjointement avec une institution bancaire, un pont d'échange d'information appelé « système de télétrésorerie ». Le courrier électronique fait également partie du programme de planification stratégique des systèmes d'information. Cependant, selon Louiselle Paquin, la nature particulière de leurs activités ne leur permet pas d'envisager l'élimination complète du papier. SITQ Immobilier est soumise à un ensemble de conventions régissant ses relations avec ses clients locataires (en vertu de ses activités de placement) et avec ses clients propriétaires (en vertu de ses activités de gestion d'immeubles à usage locatif).

Identification des obstacles au changement

La principale opposition au changement identifiée par la vice-présidente aux finances est la prise de conscience de l'existence de conditions exigeant un changement. Finalement, l'enjeu est de voir clair ! Elle se dit pressée par le quotidien structuré par la tenue de conseils d'administration, de comités de vérification et la préparation d'états financiers vérifiés. L'élément majeur nuisant au changement est le manque de recul ! Si les employés sont consultés et qu'on leur présente une proposition bien documentée et bien structurée, les chances d'adoption des nouveautés sont énormes.

Habiletés requises

Le personnel de la fonction finance-contrôle est appelé à accroître ses habiletés de communication et de persuasion.

Puisque avant de convaincre il faut d'abord être convaincue, Louiselle Paquin propose le lancement d'une vaste opération de sensibilisation et de formation au sein du personnel de sa fonction, en collaboration avec le président de SITQ Immobilier.

En bref

Les efforts consacrés par la vice-présidente aux finances à l'intégration de l'information financière et de l'exploitation et à la remise en question de la structure organisationnelle du consortium immobilier ne sont cependant pas reconnus formellement par l'équipe dirigeante. De plus, la démarche entreprise par Louiselle Paquin est dérangeante pour les vice-présidents des opérations. Les chances de réussite du rajeunissement de la fonction finance-contrôle sont donc fortement dépendantes de sa propre conviction. Dans ce contexte, la division système d'information devient pour elle un allié très puissant. La présentation des changements aux gens des divisions opérationnelles sous une forme compréhensible et attrayante, l'accès facile à l'information du système centralisé et la possibilité de remodélisation personnalisée de cette information sont autant d'éléments capables, de l'avis de la vice-présidente aux finances, de catalyser des échanges constructifs entre la fonction finance-contrôle et les divisions opérationnelles.

Plastiques M & R inc. : une fonction finance-contrôle malléable au gré des grands bouleversements socio-économiques

Mission de l'entreprise

L'entreprise Plastiques M & R inc. a pour mission de fabriquer des contenants en matière plastique et de distribuer du plastique non transformé.

Apport de la fonction finance-contrôle
... à la gestion opérationnelle

La fonction finance-contrôle de Plastiques M & R inc. a la responsabilité du système d'information, utilisé conjointement par les gestionnaires de la production, du marketing et des finances. Le directeur des finances, John Babiak, procède par projets *ad hoc* lorsqu'un besoin est pressenti. Par exemple, il travaille actuellement à bâtir un système de calcul des coûts de revient en temps réel pour l'ensemble des produits de l'entreprise et à générer une base de données intégrée utile à la fois aux gens de la production (commandes et fabrication) et aux gens des finances (facturation). Ces deux projets ont pour but de fournir de l'information en temps réel, pour l'instant absente des états financiers, ces derniers étant conçus à partir de données historiques.

... à la gestion stratégique

La fonction finance-contrôle de Plastiques M & R inc. assure une certaine flexibilité à l'ensemble de l'entreprise en créant un système d'information de gestion parallèle au système d'information financière. La priorité du directeur des finances est de fournir de l'information en temps réel aux gens de la production et du marketing. Cette information porte sur l'état de la production et elle est comparée avec l'information détenue par les responsables du marketing, de façon à orienter l'action stratégique.

Évolution du rôle du personnel de la fonction finance-contrôle : passé, présent et avenir

Par le passé, Plastiques M & R inc. fonctionnait uniquement sur une base manuelle ; la technologie informatique était complètement absente, autant aux finances qu'à la production.

Actuellement, le directeur des finances exerce, à l'aide de la technologie informatique, un rapprochement étroit avec la production en développant un système de calcul des coûts de revient en temps réel. Il a implanté une base de données à partir d'information provenant de la production. Cette base de données est indépendante de celle générée par le système comptable. Quoiqu'il y ait quelques intégrations possibles, il s'agit bien de deux bases de données distinctes. D'après lui, cette base de données distincte représente un avantage certain, car cela évite aux données de la production d'être soumises aux impératifs de celles du système comptable. Elles ne sont pas soumises, par exemple, à la vérification des débits et des crédits ou à une comparaison avec d'autres sources d'information.

La base de données ainsi constituée génère de l'information utilisée par le président, les gestionnaires du marketing et le directeur des finances, pour des décisions d'abandon de produit, de modification de prix et pour obtenir une évaluation de la productivité.

Et dans l'avenir, tout en espérant voir augmenter davantage le chiffre d'affaires, entre autres par l'achat d'entreprises étrangères, John Babiak ne prévoit pas de modification dans la structure administrative de Plastiques M & R inc. À titre d'exemple, lorsque l'entreprise a ouvert récemment une nouvelle usine en Ontario, la fonction finance-contrôle du siège social a complètement absorbé l'ajout de traitement de transactions comptables sans modification de sa composition. Assisté de la technologie informatique, le directeur des finances croit bien que la fonction finance-contrôle peut absorber tout surplus engendré par une augmentation du chiffre d'affaires, sans ajout de personnel comptable.

Impact sur la fonction finance-contrôle de Plastiques M & R inc.

... de la mondialisation et de la concurrence accrue

Plastiques M & R inc. réalise actuellement 50 % de son chiffre d'affaires en dehors du pays, soit 30 % aux États-Unis et 20 % par des échanges commerciaux avec les pays suivants : Brésil, Australie et Autriche. De plus, Plastiques M & R s'intéresse actuellement à l'achat d'entreprises situées à l'étranger. La mondialisation n'est cependant pas perçue par le directeur des finances comme un facteur susceptible d'avoir un impact majeur sur la fonction finance-contrôle de l'entreprise.

... de la réorganisation des structures de l'entreprise (aplatissement des structures) et de la technologie informatique

Cette entreprise a réussi, en six ans, à doubler son chiffre d'affaires tout en diminuant de beaucoup son personnel administratif, et ce, même si elle n'a jamais été très bureaucratisée. L'arrivée de la technologie informatique y est pour quelque chose. Non seulement celle-ci a-t-elle contribué à réduire le personnel administratif, mais elle a également contribué à renforcer les liens entre la fonction finance-contrôle et la production. Plastiques M & R est donc à proprement parler une entreprise à structure aplatie. Ce n'est pas la technologie informatique qui a induit un réaménagement des processus administratifs et un aplatissement de la structure, c'est plutôt l'inverse qui s'est produit dans cette entreprise. La structure étant aplatie d'entrée de jeu, elle a permis de mettre en valeur rapidement la technologie informatique. Par exemple, le directeur des finances et le directeur de la production se partagent une base de données. Chacun d'eux y puise l'information qu'il juge utile.

... de l'économie de l'information (« super-autoroute de l'information »)

Le directeur des finances de Plastiques M & R inc. est en fait un mordu de la technologie informatique. Il l'utilise dans ses moments de loisirs à des fins personnelles. Il utilise aussi abondamment les voies d'échanges informatiques pour des recherches sur l'industrie. En effet, il suit l'évolution mondiale de cette industrie sur Internet. Mais il demeure sceptique et très réservé quant à son utilisation à grande échelle pour l'échange électronique de transactions et de transferts de fonds. «Les systèmes informatiques devront être davantage «standardisés», dit-il, avant que l'on puisse se lancer dans l'aventure totale des échanges électroniques, à cause des risques liés à la diversité et à la variété des systèmes en place.»

La constitution de la fonction finance-contrôle de Plastiques M & R inc. assure à l'ensemble de l'entreprise une grande flexibilité dans l'utilisation de l'information. Cependant, cette flexibilité n'est pas poussée au point d'abolir toute forme de support documentaire.

Identification des obstacles au changement

La lourdeur bureaucratique est identifiée, par le directeur des finances, comme étant un obstacle majeur au changement. Une bureaucratie trop lourde entraîne inévitablement un excès de contrôles policiers[1], de surveillance des bornes et des standards. Ces contrôles constituent d'importants obstacles au changement et minent la flexibilité de l'entreprise. John Babiak préfère une bonne approximation à une exactitude, en ce qui concerne l'information de gestion, ne serait-ce qu'à cause des efforts requis pour obtenir de l'information exacte de façon continue.

Les ressources et le temps consacrés à l'étude des projets de changement constituent également des obstacles majeurs. Les études de faisabilité qui s'étendent sur plusieurs mois sont pratiques courantes dans les entreprises bureaucratiques et portent un dur coup à la flexibilité de l'entreprise. Chez Plastiques M & R inc., le gros bon sens d'un projet influence la prise de décision, au détriment d'une analyse en profondeur d'une importante quantité de facteurs. Le contrôle des opérations est important chez Plastiques M & R inc., mais il ne doit pas les empêcher d'agir vite.

Habiletés requises

L'aptitude conceptuelle, c'est-à-dire la capacité d'agir dans l'intérêt de l'ensemble de l'entreprise[2], est, selon John Babiak, un facteur crucial de réussite du processus de rajeunissement de la fonction finance-contrôle et du maintien de sa participation aux décisions stratégiques. Il souligne l'importance de garder une vision globale de l'entreprise et la nécessité pour la fonction finance-contrôle d'être au fait des interrelations structurant entre eux l'ensemble des départements de l'entreprise.

Le réseau concurrentiel de Plastiques M & R inc. est bâti sur la transposition de cette volonté d'une vision globale. John Babiak reconnaît être dans une situation de concurrence amicale avec l'ensemble de ses compétiteurs. Puisque Plastiques M & R inc. vend du plastique non transformé et des produits finis, il s'ensuit que certains de ses clients sont aussi ses concurrents (en tant que producteurs de contenants de plastique). Cet état de fait ne nuit pas à la solidité de son réseau, avec qui l'entreprise échange de l'information, notamment à l'occasion de symposiums.

En bref

À travers l'analyse faite par le directeur des finances de l'impact de quatre sources de changement, soit la mondialisation, l'aplatissement des structures, la technologie informatique et l'ère de l'autoroute électronique, nous pouvons constater l'accession de la fonction finance-contrôle de Plastiques M & R inc. à un partenariat avec la direction de l'entreprise. Cette fonction n'est plus à reconstruire. Dépourvue de toute lourdeur bureaucratique, elle dispose de toute la flexibilité nécessaire au maintien de son rôle de sentinelle.

Le groupe Ro-Na Dismat inc. : une fonction finance-contrôle appelée à remplir une mission entrepreneuriale de manière comparable aux autres départements de l'entreprise

Mission de l'entreprise

Grâce à un réseau intégré de magasins de détail (clients-actionnaires) dont la fidélité n'est pas réglementée, Le groupe Ro-Na Dismat inc. a pour mission de distribuer des produits de quincaillerie reliés au secteur de l'habitation et de la construction. L'entreprise veut offrir au client le meilleur rapport qualité prix et le meilleur service.

Apport de la fonction finance-contrôle

... à la gestion opérationnelle

La fonction finance-contrôle du groupe Ro-Na Dismat inc. participe à la gestion opérationnelle par ses activités de comptabilité, de coûts de revient, d'affaires juridiques et de crédit. À travers la gestion de ces activités, Robert Harritt, vice-président aux finances et à l'administration, endosse un rôle de motivateur d'équipe et de catalyseur.

... à la gestion stratégique

La fonction finance-contrôle du groupe Ro-Na Dismat inc. est un partenaire à part entière de la direction de l'entreprise. Son rôle est de documenter l'évolution de l'entreprise dans son environnement et de s'impliquer dans des dossiers cruciaux. Par exemple, le vice-président de la fonction finance-contrôle consacre présentement beaucoup de temps et de ressources au projet des magasins à grande surface.

Évolution du rôle du personnel de la fonction finance-contrôle : passé, présent et avenir

Le groupe Ro-Na Dismat inc. a vécu récemment un bouleversement culturel important. Bien qu'étant à la base un mouvement coopératif, l'entreprise a réaffirmé sa volonté d'être rentable. Le groupe Ro-Na Dismat inc. a alors fait l'objet d'un bouleversement interne et externe majeur. À l'interne, il y a eu une réduction majeure des dépenses et une remise en question du bien-fondé des activités pratiquées au sein du groupe corporatif. Ce processus de réflexion a été effectué en même temps que le remplacement des administrateurs en chef de chacun des départements, avec tout ce que cela implique de motivation et d'encadrement du personnel en poste. Cette opération a été menée afin de vaincre le laisser-aller sévissant depuis plusieurs années au sein de l'entreprise dans le domaine du contrôle des dépenses. Chaque nouveau cadre supérieur a dû organiser et orchestrer les ressources allouées en fonction d'un plan d'attaque respectant cette nouvelle philosophie de gestion. Ces actions ont pris forme à l'aube d'un plan stratégique détaillé avec la participation de chaque cadre supérieur. Robert Harritt spécifie que ce vaste programme, approuvé par le conseil d'administration et par l'ensemble des clients actionnaires, est en cours d'implantation et prévoit, entre autres, la participation du regroupement au créneau des magasins à grande surface.

À l'externe, les relations avec les actionnaires-distributeurs[3] ont été redéfinies afin de resserrer les modalités de leurs échanges avec Le groupe Ro-Na Dismat inc. Les conditions de crédit accordées aux magasins ont fait l'objet de resserrements majeurs et leur fidélisation demeure volontaire. Le rôle de distributeur des membres est donc pleinement reconnu par Le groupe Ro-Na Dismat inc. sans tenir compte simultanément de leur rôle d'actionnaire. Un défi journalier pour Le groupe Ro-Na Dismat inc., selon Robert Harritt, est de réussir à fidéliser ses clients-distributeurs. Le fait d'être en compétition directe avec les autres fournisseurs de produits de quincaillerie impose au grossiste, Le groupe Ro-Na Dismat inc., des normes de performance élevées. Cependant, d'après le vice-président des finances et de l'administration, cette situation maintient l'ensemble du réseau coopératif sur un balancier honnête de défis et d'excellence, tout en assurant que les intérêts aux confins du réseau soient bien protégés puisque les magasins sont détenus par des propriétaires actionnaires indépendants.

Une exception persiste cependant quant à l'absence de fidélisation des membres : il s'agit des magasins à grande surface. Le chiffre d'affaires annuel potentiel de ce type de magasins est de 40 millions. Les enjeux étant énormes sur le plan des risques et des occasions d'affaires, Le groupe Ro-Na Dismat inc. oblige les magasins à grande surface à maintenir envers lui un titre de fournisseur exclusif. Puisque Le groupe Ro-Na Dismat inc. finance partiellement ce genre de magasins, sous forme de capital-actions minoritaire ou de dettes, ceux-ci lui sont rattachés par une importante convention de franchise.

Lorsque sont arrivés les distributeurs à grande surface, Le groupe Ro-Na Dismat inc. a dû réagir vite. La direction, de concert avec le personnel de la fonction finance-contrôle, a tout de suite compris qu'il s'agissait d'établir des relations avec ces magasins, traduites dans la construction des systèmes, des contrôles et des mécanismes de délégation, qui soit adaptée à la réalité concurrentielle de ce nouveau marché.

Le rôle de la fonction finance-contrôle évolue au point où son cadre supérieur, Robert Harritt, se compare aisément aux autres cadres de l'équipe de direction du groupe Ro-Na Dismat inc. et se voit comme un chef d'orchestre. D'après lui, l'évolution dans son domaine est très rapide, et, pour y faire face, il faut une machine administrative très bien rodée.

Dans l'avenir, il prévoit l'épanouissement de la volonté du personnel de la fonction finance-contrôle de rencontrer les départements en position d'interface avec la clientèle, notamment la distribution, afin de mieux répondre à leurs besoins en information. Et, avec l'évolution des systèmes de gestion et des gens en place, des préoccupations pour l'équation coût-résultat-efficacité émergent partout au sein de l'entreprise. Cela aura un impact, dans un avenir prochain, sur la façon dont la fonction finance-contrôle peut guider et desservir l'ensemble du regroupement coopératif. Le vice-président aux finances et à l'administration déplore cependant le manque de leadership historique de la fonction finance-contrôle : traditionnellement, elle réagissait, au lieu de prévoir les changements.

D'après Robert Harritt, la fonction finance-contrôle sera appelée à participer de plus en plus aux aspects opérationnels et stratégiques de l'entreprise et à ne plus se contenter de la mesure des coûts et des rencontres avec les banquiers. Et il est très confiant à l'égard des capacités de son personnel pour ce qui est de l'adhésion aux changements. Le groupe Ro-Na Dismat inc. a fait l'objet, au cours des récentes années, d'un renouvellement de son personnel administratif et compte maintenant sur une équipe très dynamique.

Impact sur la fonction finance-contrôle du groupe Ro-Na Dismat inc.

... de la mondialisation et de la concurrence accrue

Sur le plan macroéconomique, l'impact de la mondialisation se fait peu sentir de manière directe. Le chiffre d'affaires du groupe Ro-Na Dismat inc. est à 98 % réalisé au Québec, quoique des plans soient actuellement étudiés pour lui permettre d'étendre ses horizons économiques vers l'étranger. Cependant, de manière plus indirecte, Robert Harritt reconnaît que son entreprise est fortement influencée par des tendances pouvant provenir de l'étranger, comme la modification du rôle des grossistes et le chambardement du commerce au détail.

L'impact majeur de la mondialisation chez Le groupe Ro-Na Dismat inc. est toutefois ressenti, sur le plan microéconomique, dans l'évolution des caractéristiques de la clientèle. L'éducation et la formation de cette dernière à l'égard des produits sont grandissantes. Les clients sont de plus en plus sélectifs, difficiles et exigeants. L'équation qualité-service-prix-variété est devenue telle qu'elle force maintenant les entreprises à s'adapter ou à disparaître. Robert Harritt stipule que Le groupe Ro-Na Dismat inc., comme les autres entreprises, se doit d'exceller.

... de la réorganisation des structures de l'entreprise (aplatissement des structures)

L'aplatissement des structures est chose faite chez Le groupe Ro-Na Dismat inc., selon Robert Harritt. L'idée d'aborder la gestion par un aplatissement lui est venue presque naturellement, et il ne s'en attribue aucun mérite. La réceptivité à l'aplatissement est telle qu'il s'agit maintenant d'une réalité avec laquelle les gens vivent quotidiennement. Ce phénomène n'est plus un facteur de changement ; il fait maintenant partie du passé.

... de la technologie informatique

L'évolution de la technologie informatique comporte, d'après le vice-président aux finances et à l'administration du groupe Ro-Na Dismat inc., des aspects positifs, mais également un danger important, celui de la prolifération immodérée des systèmes informatiques au sein d'une entreprise. Ce phénomène, vécu par plusieurs entreprises, est le symptôme d'un manque important de coordination et de planification du développement informatique et financier d'une entreprise. Le développement informatique devrait, d'après lui, être systématisé et contrôlé par l'environnement central. Il affirme que l'efficacité de l'environnement central s'établit en fonction du nombre de systèmes informatiques existant en parallèle, et ce, dans une relation inversement proportionnelle.

Cette prolifération peut être néfaste, voire mortelle, pour l'entreprise puisque chacun des sous-systèmes fonctionne souvent dans un environnement mal encadré ;

les employés ont une formation souvent inadéquate et les données ne sont pas uniformes. De plus, l'échange d'information au sein de l'entreprise devient très difficile. La prolifération des sous-systèmes informatiques est, d'après Robert Harritt, un mouvement non conforme au développement des affaires.

... de l'économie de l'information (« super-autoroute de l'information »)

L'économie de l'information signifie, pour Le groupe Ro-Na Dismat inc., l'amorce d'un vaste projet d'informatisation intégrée avec ses membres. Les dirigeants du groupe Ro-Na Dismat inc. y consacrent actuellement beaucoup d'énergie, et le cheminement n'est pas simple. Des démarches concrètes pour fournir au réseau coopératif de l'équipement informatique compatible, tout en respectant des exigences modérées, ont été entreprises. Ces démarches ne vont cependant pas aussi loin que l'aurait souhaité la direction il y a cinq ans.

Ce projet d'informatisation intégrée dépasse la gestion des commandes et vise à améliorer la communication et la gestion au sein de l'ensemble du réseau corporatif. La direction projette de mettre des logiciels de gestion à la disposition de ses membres. Le projet est entamé, mais tous les marchands n'y adhèrent pas encore. Selon Robert Harritt, lorsque son acceptation sera largement répandue, ses possibilités seront sans limite.

Le manque d'uniformité et de cohérence entre les bases de données du groupe Ro-Na Dismat inc. et celles de ses membres constitue un obstacle important à la réalisation de ce projet d'intégration. L'autonomie des membres est un autre obstacle majeur à ce projet. Ces derniers sont des entités juridiques distinctes du groupe Ro-Na Dismat inc., donc parfaitement autonomes. Tout projet leur est donc soumis sur une base volontaire.

L'économie de l'information signifie également la création d'un outil de compilation d'analyses comparatives pour l'ensemble du réseau coopératif. Le groupe Ro-Na Dismat inc. a commencé, avec l'aide d'experts, la conception d'un logiciel permettant d'effectuer des analyses comparatives entre ses membres, tous très différents sur le plan du chiffre d'affaires et du secteur géographique. Cette information serait utile au groupe Ro-Na Dismat inc. et aussi à ses membres qui pourraient se comparer entre eux. Selon le vice-président aux finances et à l'administration, le logiciel doit cependant demeurer un outil confidentiel, mais qui permet à chacun des marchands de se comparer aux autres membres du réseau. À titre d'exemple, une population composée de douze ou quinze marchands présente une moyenne à battre, pour une donnée statistique de performance financière quelconque. C'est un point de repère de la performance à la fois intéressant et neutre. La création de cet outil d'analyse comparative fait partie des défis de la fonction finance-contrôle du groupe Ro-Na Dismat inc.

Finalement, l'économie de l'information implique également, pour Robert Harritt, une plus grande tolérance à l'égard de la marge d'erreur des différents rapports de rendement et de contrôle. D'après lui, l'interprétation des contrôles est fonction de la nature même du support d'information. Dans un environnement de papier, les contrôleurs exigent une très grande précision à l'égard des chiffres présentés. Mais dans un environnement où l'économie de l'information propose d'abolir toute forme de rapport écrit, la tolérance à l'égard des marges d'erreur prend une tout autre tournure, les pistes de vérification devenant plus rares. Robert Harritt est d'avis que le personnel des finances s'adaptera en conséquence, pour ne pas handicaper le fonctionnement du système d'information. Cette adaptation va s'opérer, d'après lui, par l'élimination d'un certain nombre de rapports et par la focalisation de l'attention sur la conception d'un tableau de bord fondamental, comprenant cinq ou six indicateurs critiques.

Identification des obstacles au changement

Les systèmes d'information peuvent constituer eux-mêmes un obstacle important au changement, s'ils ne fournissent pas l'information adéquate sur l'état de l'entreprise et de son environnement, c'est-à-dire s'ils l'orientent mal. Au-delà de solides connaissances techniques, le savoir-faire, avec les systèmes, est primordial pour déterminer et effectuer les changements nécessaires. Dans la mise en œuvre des changements requis, l'idée de base cohérente face à l'avenir envisagé permettra, d'après Robert Harritt, de surmonter les obstacles au changement.

Habiletés requises

D'après le vice-président aux finances et à l'administration du groupe Ro-Na Dismat inc., les habiletés requises du personnel de la fonction finance-contrôle évoluent en fonction de la nécessité grandissante d'intégrer les finances et les opérations. À cet égard, l'importance relative des habiletés techniques diminue, alors que les habiletés humaines et de communication prennent beaucoup d'ampleur. Le vice-président aux finances et à l'administration, au même titre que les dirigeants des fonctions de production et de marketing, se doit d'être un catalyseur pour son équipe. Des qualités de catalyseur sont requises pour inciter son personnel à s'informer des tendances externes par rapport à l'entreprise et des besoins internes provenant des autres départements. Des habiletés de communication sont requises pour participer à un discours constructif étendu à l'ensemble du regroupement coopératif.

En bref

Le processus de changement est bien amorcé. Robert Harritt mise sur l'implantation d'un système d'information intégré réunissant l'ensemble du vaste réseau coopératif et sur la préservation de la flexibilité dans la conception des contrôles afin de demeurer à l'affût des tendances concurrentielles. Et, surtout, il affirme qu'il faut accompagner chacun des changements de la vision, c'est-à-dire les faire converger vers l'idée de base, afin que tous ceux qui participent au processus de changement comprennent bien leur apport au vaste projet.

Le défi pour l'ensemble de l'entreprise dans ses relations avec les clients est l'utilisation rationnelle et efficace de ses effectifs et de ses ressources, question d'atteindre un haut degré d'efficacité et de rentabilité. Selon Robert Harritt, le même cheminement s'applique à l'interne au sein d'un département, que ce soit la finance-contrôle, la production, le marketing ou la recherche et développement. Ce qui prévaut dans ses relations avec l'externe, pour vendre un produit à un consommateur, s'applique à l'interne pour chacun des départements, incluant la fonction finance-contrôle.

CONCLUSION

Pour ces micropraticiens de la fonction finance-contrôle, devenir une sentinelle pour l'entreprise signifie, concrètement, **opérer un contrôle interactif** construit sur la base d'échanges avec le cœur opérationnel. Ces échanges sont rendus possibles en facilitant l'accès à l'information par le cœur opérationnel. La fonction finance-contrôle doit, dans ce sens, devenir une fonction à valeur ajoutée en répondant aux besoins des départements opérationnels et en **déterminant avec eux la teneur de ces besoins**.

Jusqu'à maintenant, l'élaboration de stratégies était, pour plusieurs théoriciens, réservée à la planification[4]. La mise en place d'un contrôle interactif bouleverse l'échiquier, et la fonction finance-contrôle pourra doré-navant proposer des stratégies, puisque la nature des échanges entre celle-ci et le cœur opérationnel engen-drera l'élaboration de nombreuses stratégies. Soumise à la réflexion incessante des administrateurs du contrôle et des opérations, la fonction finance-contrôle cherche à se tailler une place au sein du processus de planification stratégique.

L'absence de lourdeur bureaucratique est égale-ment la marque d'une fonction finance-contrôle qui se veut une sentinelle. Cette fonction doit être structurée de manière à préserver une grande flexibilité au sein de l'entreprise, et à ne pas s'éloigner de la réalisation de sa mission. De toute évidence, un trop grand nombre de mécanismes de contrôle nuit à l'utilité de chacun, car la lourdeur a tendance à rendre le système de contrôle inca-pable de corriger efficacement une situation probléma-tique, les données nécessaires à une telle intervention lui parvenant en général trop tard[5]. Garder une fonction finance-contrôle malléable au gré des grands boulever-sements socio-économiques représente un défi colossal.

La nécessité d'assigner **une mission entrepreneu-riale** à la fonction finance-contrôle ressort de notre étude. Ainsi, combler les besoins en information à l'inté-rieur de l'entreprise devient aussi crucial que de servir le client externe. Le personnel de cette fonction est égale-ment appelé à développer ses habiletés à communiquer afin de participer à un discours constructif étendu à l'ensemble du réseau entourant l'entreprise.

Notre enquête se limite à l'étude de la fonction finance-contrôle de trois entreprises. Il serait intéressant de poursuivre cette étude auprès d'un plus grand nombre d'entreprises afin de compléter les caractéristiques de la sentinelle de l'entreprise au XXIe siècle.

NOTES ET RÉFÉRENCES

1. Simons, Robert, « Les systèmes de contrôle et la gestion stratégique : pourquoi réinventer la roue ? », *Gestion*, vol. 14, nᵒ 3, septembre 1989, p. 105 à 108.

2. Katz, L. R., « Le manager idéal existe-t-il ? », *Harvard l'Expansion*, été 1977, p. 35 à 45.

3. Les relations entre actionnaires et distributeurs sont propres aux mouvements coopératifs : les actionnaires (membres) sont les distributeurs (magasins) de produits provenant du grossiste, Le groupe Ro-Na Dismat inc.

4. Simons, Robert, « Les systèmes de contrôle et la gestion stratégique : pourquoi réinventer la roue ? », *Gestion*, vol. 14, nᵒ 3, septembre 1989, p. 105 à 108.

5. Denis-Grenier, Hélène, « Comment bureaucratiser votre organisation ? », *Gestion*, Collection Racine du Savoir, numéro sur la gestion des entreprises, p. 145-153.

5

L'entreprise cellulaire et le contrôle de gestion sentinelle

par Hugues Boisvert

RÉSUMÉ

La réflexion sur l'entreprise de demain a fasciné plusieurs auteurs. L'entreprise cellulaire est une vision futuriste de l'entreprise du XXIe siècle. Retracer l'évolution de l'entreprise au cours des dernières années nous amène inévitablement à extrapoler les changements que nous connaîtrons au cours des prochaines années. Réfléchir à la fonction finance-contrôle dans ce cadre stimulera notre réflexion quant à son avenir.

L'entreprise **cellulaire** est une vision futuriste de l'entreprise du XXIe siècle. Sa forme extrême est un réseau d'entreprises individuelles, indépendantes, autonomes et parfaitement intégrées. Elle est fondée sur la coopération et la confiance, où chaque personne se veut une entreprise reliée aux autres afin d'atteindre un objectif commun. C'est donc le modèle parfait de l'entreprise tout à fait aplatie sur le plan de la structure et dont les membres, transcendés en entrepreneurs individuels, sont totalement responsabilisés.

L'entreprise cellulaire puise ses concepts dans d'autres modèles d'entreprises en devenir : l'entreprise du 3e type (Hervé Sérieyx et Georges Archier, 1984) décrite comme l'entreprise humaine axée sur la mobilisation ; l'entreprise intelligente (James Brian Quinn, 1993), le modèle de l'entreprise qui apprend ; l'entreprise virtuelle (Denis Ettighoffer, 1992 ; W. H. Davidow et M. S. Malone, 1992 ; La Société des comptables en management du Canada, Document Enjeux n° 4, 1994), décrite comme l'entreprise fondée sur l'utilisation des nouvelles technologies de l'information et de la communication (NTIC). Cette dernière existe sans qu'on la voie, dispose de toutes les possibilités de l'entreprise réelle sans que l'on puisse les palper, rend des services sans qu'on ne sache comment elle s'y prend. Elle utilise des techniques dites virtuelles : le télétravail[1], le bureau virtuel[2], les réseaux électroniques. Les NTIC sont omniprésentes au sein de l'entreprise virtuelle. « L'entreprise virtuelle est parfois perçue comme étant le summum de la modularité, un noyau dynamique autour duquel gravite un réseau de fournisseurs parfaitement appariés et dont on a retenu les services parce que leur excellence et l'importance qu'ils accordent à la satisfaction de la clientèle leur permettent d'offrir des produits et des services de qualité.[3] »

Aplatissement des structures organisationnelles, responsabilisation des personnes, économie de l'information et NTIC sont au cœur du renouvellement, donc de l'évolution des entreprises. Reconception d'entreprise, réaménagement des processus d'affaires, réduction des activités qui n'ajoutent pas de valeur aux yeux des clients et gestion par activités définissent la gestion renouvelée. Dans cet esprit, la réduction, voire l'élimination, de toute activité de surveillance contribue à la réduction des activités sans valeur ajoutée aux yeux des clients. Or la forme extrême de cette évolution est l'entreprise cellulaire. En effet, il n'y a pas de forme d'entreprise plus aplatie que le réseau d'entreprises individuelles. Et il ne peut pas y avoir une plus grande réduction des activités de surveillance humaine qu'au sein de l'entreprise individuelle où il n'y a personne d'autre à surveiller. Il nous paraît donc intéressant de rappeler l'évolution de l'entreprise mécaniste vers l'entreprise organique, cette dernière pouvant aboutir éventuellement à l'entreprise cellulaire, et, dans un deuxième temps, d'imaginer une fonction finance-contrôle au sein de cette entreprise futuriste. La vision de cette forme extrême d'entreprise, et notamment du contrôle de gestion dans ce contexte, pourra certainement stimuler notre représentation de la fonction finance-contrôle au XXIe siècle.

De l'entreprise mécaniste à l'entreprise organique

Nous allons décrire cette évolution en deux temps : de l'entreprise mécaniste à l'entreprise organique, puis de l'entreprise organique à l'entreprise cellulaire.

L'entreprise mécaniste

Les théoriciens classiques de la gestion nous proposaient, il y a plus d'un siècle, un modèle de l'entreprise que nous avons associé à une machine. Selon cette vision, l'entreprise est perçue comme un ensemble structuré, hiérarchisé, dont le fonctionnement est répétitif, stable et uniforme. F. W. Taylor, le pionnier de l'organisation scientifique du travail, s'est astreint à rechercher une façon optimale d'exercer chacune des activités en se basant sur la prémisse que la performance de l'ensemble découle de la performance de chacune des parties. C'est le début de la production en masse et de la conception du produit optimal que tout le monde doit acheter.

La gestion cybernétique dans le cadre de l'entreprise mécaniste

La gestion cybernétique, identifiée à l'entreprise mécaniste, consiste à fixer des objectifs, à élaborer une stratégie et des plans pour les atteindre, donc à programmer la machine et à la contrôler, c'est-à-dire à surveiller la conformité des opérations par rapport aux plans. La comptabilité dans le cadre de la gestion mécaniste consiste à déterminer des standards et à surveiller ces derniers en relevant les écarts et en repérant les responsables de ces écarts.

Au fil des ans, l'environnement est devenu de plus en plus instable, imprévisible, hostile, dynamique, complexe et diversifié. Nous sommes aujourd'hui en pleine mutation sociale : les entreprises géantes, qui ont fait fi de l'évolution de l'environnement et qui ont refusé de s'adapter, sont en train de disparaître. Certaines ont déjà disparu. Les gouvernements qui ont fait preuve de « myopie » sont endettés et ont perdu toute espèce de marge de manœuvre. Ce qui faisait leur force hier les a amenés bien souvent à se fermer les yeux, à ne pas être attentifs aux signaux de l'environnement, ce qui les a poussés à leur perte[4].

Or le contrôle cybernétique s'est avéré inefficace pour réduire les coûts et les délais, pour améliorer la qualité, c'est-à-dire créer de nouveaux savoir-faire, bref, pour concevoir des processus plus performants. Les gestionnaires s'appuient de moins en moins sur le contrôle de type cybernétique. La comptabilité, comme système de détection des écarts budgétaires, ne sert plus aux gestionnaires. Ces derniers, trop souvent amenés à prendre des décisions dont le résultat s'est révélé contraire aux attentes, ont perdu confiance et qualifient la comptabilité traditionnelle de non pertinente pour la gestion[5]. Sans information financière de gestion, les gestionnaires sont devenus des « paralytiques »[6], selon une expression utilisée par Philippe Lorino. Les problèmes suscités par la vision mécaniste de l'organisation, souligne Gareth Morgan, ont amené bon nombre de théoriciens à délaisser la mécanique et à s'inspirer plutôt de la biologie pour réfléchir sur l'organisation. Ce faisant, la théorie de l'organisation est devenue une sorte de biologie dans laquelle les distinctions et les relations entre molécules, cellules, organismes complexes, espèces et écologie sont mises en parallèle avec celles qui existent entre individus, groupes, organisations, populations d'organisations et leur écologie sociale[7].

L'entreprise organique

Cette assimilation de l'organisation à un organisme en perpétuelle adaptation, et non plus à une machine vouée à l'optimisation du rendement dans un environnement fixe, stable, accueillant et relativement simple, nous amène aux réflexions suivantes,[8] résumées au tableau 5.1.

TABLEAU 5.1

1. Parce que l'environnement n'est ni monolithique, ni statique, qu'il est au contraire varié et dynamique et qu'il évolue constamment, on ne peut plus croire à l'existence d'une mécanique optimale, unique et immuable.

2. La survie de l'organisation dépend de son ouverture sur l'environnement et de son adaptation à l'évolution de cet environnement.

3. L'efficacité organisationnelle repose sur les relations entre l'organisation et son environnement, et sur celles des activités de l'organisation entre elles.

4. Les motivations de l'individu relèvent aussi de l'appartenance sociale, de la satisfaction personnelle face à la tâche à accomplir et des possibilités d'épanouissement dans l'entreprise.

5. C'est en apprenant à connaître les familles et les espèces d'organisations sur lesquelles une entreprise souhaite se greffer qu'elle construira ses propres règles de fonctionnement.

6. L'organisation redevenue humaine, le contrôle de gestion consistera à faciliter l'apprentissage, puis à orienter, à encourager et à stimuler, et non plus à programmer et à surveiller.

Le rendement, la rentabilité, la compétitivité et même la survie de l'organisation dépendront donc de la capacité d'adaptation de l'entreprise à son environnement, c'est-à-dire de la création de savoir-faire organisationnel dans un contexte de changement perpétuel. Ils dépendront également de la santé interne de l'entreprise, c'est-à-dire de la qualité de vie de chacun de ses membres[9]. On qualifie le contrôle exercé dans ce cadre de **systémique**.

La gestion systémique dans le cadre de l'entreprise organique

L'entreprise organique conduit à la gestion et à la pensée systémiques. Selon ce modèle, les gestionnaires et les employés sont réunis en équipes multidisciplinaires. Ils sont responsabilisés, à la fois comme gestionnaires et comme employés, totalement maîtres de leurs actions au sein des activités, et évalués en fonction de leur contribution à la valeur aux yeux du client ultime. La pensée systémique, nous dit Peter Senge, est une discipline qui consiste à voir les phénomènes dans leur intégralité.[10] Il faut abandonner dans un premier temps la croyance selon laquelle le monde est fait de forces séparées, sans lien entre elles, car depuis notre plus tendre enfance, on nous apprend à fractionner les problèmes, à diviser le monde en sous-ensembles. Une fois cette illusion abandonnée, nous pouvons créer des organisations dont les membres peuvent sans cesse développer leurs capacités d'atteindre les objectifs du groupe, et où de nouveaux modes de pensée sont mis au point, où les aspirations collectives ne sont pas freinées, où les gens apprennent sans cesse comment apprendre ensemble.[11]

Ce modèle de gestion de l'entreprise organique est réalisable uniquement si on répond à certaines conditions. Les employés et les gestionnaires doivent être parfaitement formés et informés. De plus, ils doivent avoir développé l'habileté d'apprendre par eux-mêmes. Ils doivent être en mesure de concevoir leur propre système de pilotage et d'orientation en disposant de la technologie pour le faire.

De l'entreprise organique à l'entreprise cellulaire

De l'entreprise organique, il n'y a qu'un pas à franchir pour imaginer un réseau d'entreprises individuelles correspondant à autant d'activités autonomes et bien distinctes, mais dépendantes les unes des autres pour servir un client ultime commun. Imaginons de plus que chacune d'elles soit rémunérée selon la valeur de l'activité qu'elle exerce, elle-même fonction de la contribution à la valeur aux yeux de ce client ultime commun. Enfin, imaginons que chacune de ces micro-entreprises soit parfaitement honnête et totalement confiante dans les habiletés des autres membres du réseau. Nous serions alors en présence d'un réseau d'entreprises individuelles, de l'entreprise cellulaire.

L'entreprise cellulaire correspond donc à un ensemble d'entreprises individuelles interreliées, où chacune est cliente de celle qui la précède et fournisseuse de celle qui suit dans ces chaînes d'activités qui forment les processus. Chacune est alimentée par les liens qui l'unissent à ses clients et à ses fournisseurs. L'individu qui l'anime est totalement flexible, en mode d'apprentissage continu et se renouvelle sans cesse.

Les trois conditions de l'émergence de l'entreprise cellulaire

Libération des cerveaux, décloisonnement de l'organisation et représentation des processus sont trois conditions complémentaires et nécessaires à l'émergence de l'entreprise cellulaire.

Libération des cerveaux

La libération des cerveaux signifie mettre les personnes en situation de régler leurs propres problèmes, leur fournir les outils pour y arriver et les inciter à le faire. Il faut pour cela susciter l'esprit d'initiative, créer un climat d'apprentissage collectif, former des équipes, stimuler la cohésion au sein de ces équipes et fournir aux personnes une représentation des processus de l'entreprise afin qu'elles puissent constater les conséquences de leurs choix sur les coûts, les délais et la qualité.

Décloisonnement de l'organisation

Ensuite, il faut décloisonner l'organisation que la métaphore de la machine nous a amenés à segmenter et à découper en centres de responsabilité considérés autonomes, ignorant du même coup les interrelations entre ces parties. Ces unités administratives sont des barrières qui nous empêchent de comprendre les processus. La taille est la raison fondamentale ayant incité les entreprises à se cloisonner, car les petites entreprises ne le sont pas. Dès qu'une entreprise atteint la taille qui la rend impossible à gérer par une seule personne, sans doute influencés par les gourous de la gestion scientifique du travail, nous la fractionnons, la sectionnons et partageons les responsabilités entre les parties nouvellement découpées. Ce fractionnement par fonction, considéré comme inévitable, provoque souvent la myopie des divisions. L'exemple suivant présenté par Marie-Josée Ledoux[12] illustre bien cet effet.

Soit le processus qui consiste à transporter un colis du point A au point B. Ce processus doit traverser six départements, chacun représenté par son contrôleur sur le croquis 5.2.

Supposons maintenant que cela prenne 12 minutes pour aller du point A au point B, soit 2 minutes par section de route (département). Un concurrent offre le même service en 10 minutes. Le directeur général demande alors à chacun de ses 6 contrôleurs de réviser ses standards à la baisse. Ils ne peuvent y arriver parce que l'entreprise est cloisonnée et que chacun a depuis longtemps optimisé la performance de sa section. Ils sont tout à fait incapables de voir comment ils peuvent réduire le délai avec les mêmes ressources et la même tâche à accomplir. La façon d'y arriver est évidente visuellement : c'est de tracer un autre chemin à côté et d'abandonner l'ancien, c'est-à-dire concevoir un autre processus, donc repenser les interrelations entre les activités du processus et peut-être repenser de nouvelles activités.

CROQUIS 5.2

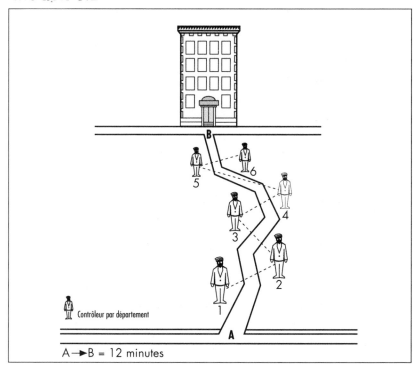

A→B = 12 minutes

Contrôleur par département

Représentation des processus

La représentation des processus est la troisième condition nécessaire à l'entreprise cellulaire. Il ne faut pas que la décentralisation amène la perte de vision des flux et des interrelations entre les divisions. Il faut garder la vision des processus, ce qui signifie, pour une majorité des entreprises d'aujourd'hui, la retrouver. Et, pour cela, nous avons besoin d'un système d'information qui représente les processus, outil indispensable à l'épanouissement de l'entreprise cellulaire.

Le contrôle de gestion de l'entreprise cellulaire

Rappelons la définition du contrôle de gestion : pris au sens de direction, il consiste en la production de

111

l'information nécessaire pour fixer des objectifs pertinents, élaborer de bonnes stratégies et les mettre en œuvre de façon efficace et efficiente.[13] Si nous extrapolons l'évolution du contrôle de gestion en fonction de l'évolution des formes d'entreprise, la maîtrise de l'entreprise cellulaire se traduit par la conduite de chacune des entreprises individuelles du réseau en fonction de la performance maximale du groupe. En effet, voici un tableau (tableau 5.3) de l'évolution des formes d'entreprise et du contrôle de gestion.

TABLEAU 5.3

Les formes d'entreprise	Le contrôle de gestion
Du XIXe siècle au milieu des années 1980	
Bureaucratie industrielle axée sur la production de masse	Vise l'efficience des tâches et l'économie des moyens à partir d'une analyse scientifique d'activités spécialisées provenant du découpage des processus
Du milieu des années 1980 à aujourd'hui	
Entreprise caractérisée par l'aplatissement des structures et la responsabilisation de son personnel	Vise la réduction des coûts, des délais et l'amélioration de la qualité par une analyse des processus. Vise également l'adaptation de l'entreprise à l'évolution de son environnement
Au XXIe siècle	
Entreprise cellulaire	Vise l'accroissement de l'apport de chaque entreprise individuelle au réseau d'entreprises dans le cadre de la maximisation de la performance du réseau

La représentation sous la forme d'une chaîne d'entreprises formant un réseau amène une compréhension tout à fait différente de la performance de chacun des maillons de cette chaîne. Il ne s'agit plus de viser la performance d'un membre au détriment des autres, mais de comprendre comment chacun d'eux peut contribuer à l'amélioration du groupe. En effet, seule la performance du réseau compte, car la survie de chacun en dépend. Cette performance globale du réseau est fonction des ressources consommées tout au long de la chaîne et de la richesse produite aux yeux du dernier client au bout de cette chaîne. L'objectif fondamental du contrôle de gestion dans ce contexte est de fournir une information utile à chacun pour améliorer la performance du groupe ainsi que pour élaborer sa propre stratégie et profiter des occasions émergentes. Ces occasions d'affaires sont issues du réaménagement de la chaîne et de l'apport à cet effet des NTIC. Concrètement, voici les objectifs du contrôle de gestion des entreprises cellulaires (tableau 5.4) :

TABLEAU 5.4

Objectifs du contrôle de gestion

1. Visualiser ce que font les micro-entreprises du réseau, leurs activités.

2. Déterminer les ressources consommées par chacune d'elles.

3. Comprendre pourquoi elles font ces activités, quels sont les inducteurs de ces activités.

4. Dresser la liste des produits échangés.

5. Estimer la valeur des produits échangés.

6. En estimer les délais et la qualité.

Les micro-entreprises correspondent à des activités et les réseaux à des processus. Chacune des activités est évaluée en fonction de son apport au produit final issu du processus.

Comme le résume le tableau 5.5, nous présumons que le contrôle de gestion de l'entreprise cellulaire débouche sur la réflexion stratégique. Cette dernière concerne la nature même de l'entreprise cellulaire et son devenir. En mettant en lumière la chaîne d'activités conduites par

TABLEAU 5.5

Nous présumons :

1. qu'il existe plusieurs activités liées au fonctionnement du réseau, à la logistique et au cadre institutionnel de l'État. Ces activités sont essentielles dans le contexte actuel du savoir-faire, des règles et des politiques, mais ne contribuent pas directement à augmenter la valeur du produit final ;

2. que plusieurs activités exigent beaucoup de ressources relativement à leur apport à la valeur du produit livré au dernier client de la chaîne. Il serait fort possible d'en réduire la consommation en procédant autrement ;

3. que chacune des activités s'explique par des inducteurs qui lui sont propres. Si nous les connaissons, nous pourrons facilement améliorer leur performance ;

4. que la connaissance des besoins du client est un déterminant critique de la qualité totale. Ainsi, à l'intérieur du réseau, seule la connaissance précise d'une activité, de ses inducteurs et de leurs rôles dans le réseau, peut amener une réorganisation de celui-ci ;

5. qu'il est fort probable que le contrôle de gestion de l'entreprise cellulaire mène à la disparition, à la création ou certainement à la redéfinition de la mission d'entreprise du réseau, tout comme l'amélioration de la performance d'un processus provient souvent de la réorganisation des activités de celui-ci (ce qui peut se traduire concrètement par la disparition, l'apparition, la réduction, l'augmentation ou le changement des activités).

diverses entreprises d'un même réseau, en qualifiant ces activités sur le plan des coûts et de la valeur qu'elles créent, en déterminant les raisons de ces activités et des indicateurs de leur performance, le système d'information comptable de gestion informe ainsi sur la contribution des membres du réseau sur le plan des coûts, des délais et de la qualité. Il indique des directions à prendre. Ces directions, ou cibles, consistent à faire évoluer favorablement les causes des activités du réseau. Le système d'information comptable nourrit donc un volet important de la réflexion stratégique, la réorganisation du réseau.

La fonction finance-contrôle

Dans le contexte de l'entreprise cellulaire, il n'y a pas de place pour une fonction finance-contrôle au sens où nous la connaissons dans l'entreprise d'aujourd'hui. Chacun des membres se gérera lui-même entièrement et totalement. Il pourra déléguer, par l'entremise de l'impartition, toutes les activités de traitement des transactions et de production des rapports financiers, ainsi que les activités de trésorerie et de fiscalité. Mais il sera l'unique maître d'œuvre de sa stratégie et le seul responsable de sa gestion.

NOTES ET RÉFÉRENCES

1. Le travail à distance est présenté par Denis Ettighoffer, dans son livre *L'entreprise virtuelle*, comme le travail souvent réalisé à domicile et faisant appel aux moyens de télécommunication.

2. Denis Ettighoffer fait allusion dans son livre, *ibidem*, au bureau virtuel comme étant un service bureau sans bureau ou hors du bureau grâce à l'utilisation des NTIC.

3. La Société des comptables en management du Canada, « L'entreprise virtuelle », document *Enjeux*, n° 4, 1993, p. 1.

4. Voir Miller, Danny, « Le paradoxe d'Icare », *Revue Internationale de Gestion*, septembre 1991, p. 33.

5. Howell, R.A., Brown, J.D., Soucy, S.R., Seed, A.H., *Management Accounting in the New Manufacturing Environment*, National Association of Accountants, 1987.

6. Selon une expression de Philippe Lorino dans *L'Économiste et le Manager*, Éditions de la Découverte, 1989.

7. Morgan, Gareth, *Images de l'organisation*, Les Presses de l'Université Laval, Éditions Eska, 1989, p. 34.

8. Boisvert, Hugues, *Le Contrôle de gestion, vers une pratique renouvelée*, Éditions du Renouveau pédagogique inc. (ERPI), 1991, p. 134.

9. *Idem, ibidem*, p. 134.

10. Senge, Peter avec Alain Gautier, *La Cinquième discipline*, Éditions FIRST, 1991, p. 95.

11. *Idem, ibidem*, p. 17.

12. Ledoux, Marie-Josée, présentation « La Société d'assurance-automobile du Québec (SAAQ) », *Colloque « La comptabilité par activités, où en sommes-nous ? »*, École des Hautes Études Commerciales de Montréal, 22 avril 1993.

13. Boisvert, Hugues, *Le contrôle de gestion, vers une pratique renouvelée*, Éditions du Renouveau pédagogique inc. (ERPI), 1991, p. 30.

L'entreprise de demain et le futur expert de la fonction finance-contrôle

par Marcel Côté

RÉSUMÉ

*Les transformations socio-économiques ébranlent plusieurs dichotomies : **l'individu** avec ses habiletés et ses besoins versus **l'entreprise** avec ses exigences et ses incitations, **l'université** avec sa mission et ses objectifs pédagogiques versus **l'entreprise** avec ses besoins spécifiques et, enfin, les caractéristiques des années **1970** versus celles des années **2000**. La mise en lumière des activités sous-jacentes au processus de planification stratégique, soit la formulation d'une stratégie obtenue en scrutant l'environnement, la mise en œuvre de la stratégie à l'aide de plans et l'évaluation des résultats quantitatifs et qualitatifs, révèle des lacunes importantes quant à la contribution de la fonction finance-contrôle. L'expert en finance-contrôle demeurera-t-il le technocrate du passé ou deviendra-t-il la sentinelle du futur ?*

En nous plaçant simultanément sous l'angle de l'individu et de l'entreprise, nous allons tenter d'examiner plus en détail l'ampleur et la nature des changements survenus au cours des dernières décennies. À partir d'une certaine description des équilibres entre les habiletés de l'individu, les exigences de la tâche et les besoins de l'individu, ainsi que les incitations offertes par la tâche, nous vous proposons une comparaison de la structure des années 1970-1980 par rapport à celle du XXIᵉ siècle. Nous présenterons ensuite nos points de vue sur l'entreprise et le gestionnaire du XXIᵉ siècle et sur le contenu de sa formation. Nous terminerons notre tour d'horizon en examinant le contenu des programmes de formation offerts par des écoles de gestion canadiennes à leurs étudiants afin d'établir l'effort accordé au savoir, à l'être, au savoir-faire et au savoir-être. Quelles sont les habiletés offertes aux étudiants ? Comment ces derniers sont-ils entraînés à exercer les tâches et à jouer le rôle de gestionnaire ? Quelles relations sont entretenues entre l'université et l'entreprise ? En guise de conclusion, nous nous hasarderons à amorcer la description du rôle joué par la fonction finance-contrôle au sein de l'entreprise du XXIᵉ siècle.

Nature et ampleur des changements survenus dans la société et les entreprises

Alvin Toffler (1993), futurologue américain, souligne qu'il y a eu trois grandes vagues de changement au cours de l'histoire.

1. 1ʳᵉ vague agraire : occupation du territoire ;

2. 2ᵉ vague industrielle : exode rural et production de masse ;

3. 3ᵉ vague information : la connaissance devient le principal facteur de production.

Nous vivons présentement une véritable révolution technologique et organisationnelle comparable à la révolution industrielle du XIXᵉ siècle, souligne la professeure Roskies (1994).

La nouvelle période de récession sert de leurre en masquant les changements structurels qui confrontent l'entreprise du XXIᵉ siècle et ses travailleurs. Tout le monde tarde à s'inquiéter, car les choses ne reviendront jamais à ce qu'elles étaient il y a quelques années.

Michel Crozier (1994), éminent chercheur et sociologue français, prétend que les grandes entreprises et les grandes organisations traversent une crise profonde de légitimité, d'efficacité et d'efficience. Il faut réexaminer la pertinence de leur mission, de leurs objectifs et de leurs stratégies à la lumière des changements profonds survenus dans leur environnement, dans les valeurs et dans la mentalité des personnes au cours des dernières décennies. Les dirigeants des entreprises ont peu tenu compte de ces signaux provenant des crises politiques, sociales, économiques et écologiques qui continuent à déferler sur l'ensemble des continents. Ces crises répétitives rendent plus complexe et moins compréhensible le processus de prise de décision au sein de l'entreprise privée ou publique. Pourquoi ? Parce que le sommet de la pyramide hiérarchique est encore plus malade qu'il ne l'était il y a quelques années : il continue d'être prisonnier du court terme.

Propositions de refonte

Pour Michel Crozier (1994) et Hammer et Champy (1993), la grande entreprise doit se scinder en centres décisionnels de taille modeste :

- qui favorisent la communication transversale ;
- qui abattent les cloisons inutiles ;
- qui élargissent les responsabilités de chacun pour rendre les employés **maîtres** de leurs moyens et **responsables** de leurs résultats.

L'objectif ultime est de reconnaître la primauté du client et d'améliorer le service à la clientèle.

Cette dernière vague de changement liée à l'information amène, selon Toffler (1993) :

- le remplacement des facteurs de production classiques par une gestion centrée sur les processus utilisés pour offrir les services ;
- la réduction des besoins en énergie, en matières premières, en capital, en temps et en travail ;
- l'aplatissement des structures à la suite d'une plus grande autonomie et d'un plus grand pouvoir de décision de la base.

Pour Ethel Roskies (1993), professeure de psychologie à l'Université de Montréal, les choses ont beaucoup changé récemment. Elle cite en exemple la disparition des emplois permanents, provoquant la perte de sécurité d'emploi et l'élimination de beaucoup d'emplois (cadres et autres), de sorte que ceux qui restent se contentent de travailler plus fort, sans penser à modifier leur façon de travailler pour le faire plus intelligemment, mieux et moins fort (besoin d'analyse et de synthèse). Il faut donc parler de compétence plutôt que de sécurité d'emploi, de contribution que l'employé peut faire pour atteindre les objectifs futurs de l'entreprise plutôt que d'ancienneté accumulée. Ce discours est certes frustrant, mais il faut apprendre à dédramatiser la situation (ouverture au changement). Il faut se rendre compte du besoin d'éducation et de recyclage permanent (capacité d'apprendre à apprendre) ; du besoin de simplifier ce qui apparaît de plus en plus comme complexe et de saisir l'essentiel (capacité conceptuelle de développer) ; du besoin de coopération entre les membres d'une même équipe multifonctionnelle et de coopération entre les superviseurs et leurs subordonnés.

Côté et al. (1994) soulignent que la conjoncture économique défavorable, le regroupement et la fusion des entreprises pour les rendre plus compétitives au niveau mondial, les besoins plus grands d'autonomie au travail des travailleurs, la présence importante de femmes au travail et le vieillissement de la main-d'œuvre sont autant de facteurs qui ont concouru à modifier les méthodes de gestion et les façons de faire à la suite de la réingénierie des processus de travail. Les structures organisationnelles se sont aplaties afin de permettre aux membres de l'entreprise :

- d'être plus compétitifs sur un marché mondial en étant plus efficients ;
- de se rapprocher des clients en simplifiant les processus de production ;
- de répondre aux souhaits et aux besoins d'autonomie des employés en les faisant participer davantage ;
- d'être financièrement capables de concurrencer des pays où les salaires sont plus faibles, en étant plus efficients.

Profils de l'individu et de la tâche

Afin de mieux mesurer l'ampleur des changements survenus dans l'environnement de l'entreprise, dans ses structures et ses systèmes de gestion, dans la mentalité et les caractéristiques des travailleurs, utilisons le modèle décrit au tableau 6.1 pour mettre en relation le travailleur et sa tâche. Nous soulignons dans ce tableau le lien entre ce que l'individu apporte au travail (habiletés, aptitudes, attitudes, motivation) et les exigences liées à la tâche, au comportement et à la productivité, d'une part, et le lien entre les besoins des individus (besoins personnels et collectifs) et les incitations économiques et non économiques liées à la tâche, d'autre part.

Nous reprenons au tableau 6.2 la description des caractéristiques de l'individu et des exigences de sa tâche en 1970 et en l'an 2000. Nous poursuivons au tableau 6.3 la description des besoins de l'individu et nous fournissons la liste des incitations offertes par l'entreprise pour les mêmes dates.

TABLEAU 6.1

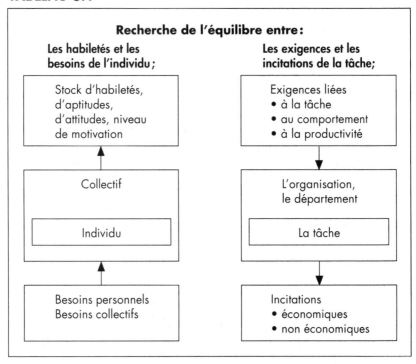

La lecture des tableaux 6.2 et 6.3 nous rappelle que les choses ont beaucoup changé au cours des trente dernières années, autant sur le plan des caractéristiques et des besoins de l'individu que sur le plan des exigences et des incitations liées à sa tâche. Jusqu'où ces changements influencent-ils le travail d'un dirigeant? Comment les écoles de gestion ont-elles su modifier le contenu de leurs programmes d'études pour refléter la nouvelle situation? Quels ajustements devraient-elles apporter à leurs programmes pour les rendre plus pertinents tant pour les étudiants que pour les entreprises? C'est à ces questions que nous allons maintenant tenter de répondre.

TABLEAU 6.2

Environnement de l'individu et de l'entreprise

Individu Habiletés des années 70	Entreprise et tâche Exigences des années 70
1. Les personnes de la base exécutent des règles et des plans préétablis par des experts-conseils éloignés de l'action.	1. Accent sur la bureaucratisation et les règles impersonnelles.
2. Accent sur la spécialisation et les habiletés techniques, d'où absence de mobilité, et une carrière à la verticale vite plafonnée pour la majorité des travailleurs d'un même métier.	2. Structure par fonction qui valorise la spécialisation des tâches et le cloisonnement des activités de gestion.
3. « Fais ce qu'on dit et tais-toi ; laisse ta créativité à la porte de l'entreprise. »	3. Rôle important joué par le cadre intermédiaire qui sert à : • superviser et coordonner ; • contrôler et vérifier ; • transmettre l'information de bas en haut et de haut en bas.
4. Accent sur le collectif et minimisation des différences individuelles : une seule norme de groupe suffit ; importance de calculer la « moyenne » et de s'assurer que tous y répondent.	4. Comportement de gestion caractérisé par la séparation de la pensée et de l'action. « Je pense (sommet), tu agis (la base) » – d'où l'idée que seuls les dirigeants au sommet ont besoin d'être informés.

Individu Habiletés des années 2000	Entreprise et tâche Exigences des années 2000
	I. *Émergence de deux types d'entreprises :*
1. Plus grande autonomie à la base à la suite de la diminution du nombre de cadres intermédiaires, d'où le besoin de standards de performance plus clairs et mieux contrôlables (autocontrôle et contrôle par exception).	1. Grands groupes industriels, quatre catégories : groupes patrimoniaux, groupes financiers, groupes industriels et groupes entrepreneuriaux. 2. Grande variété de PME qui ont à se doter de systèmes de gestion.
	II. *Caractéristiques de l'environnement*
2. L'augmentation du pouvoir à la base (« empowering ») transformera la structure pyramidale et très hiérarchique en une structure davantage aplatie et circulaire, d'où des besoins de connaissances plus vastes.	1. La plupart des pays développés ont principalement une économie de service. Comment mesurer la performance, comment établir des standards et des normes de rendement pour mesurer la satisfaction du client ?

TABLEAU 6.2 (SUITE)

Environnement de l'individu et de l'entreprise

Individu Habiletés des années 2000	Entreprise et tâche Exigences des années 2000
3. L'individu membre d'un grand groupe va contribuer moins au choix des stratégies directrices (« où aller ») (choix du portefeuille d'activités, choix des structures organisationnelles et des systèmes de gestion).	2. Le changement dans la dynamique de nombreuses industries (par ex. : le décloisonnement des institutions financières, ou l'intégration verticale en aval ou en amont pratiquée dans le secteur des communications) nécessite la mise en place de nouveaux systèmes d'information pour permettre aux dirigeants au sommet de comprendre ce qui se passe dans chacune des filiales de cette chaîne intégrée.
4. Par contre, la sélection des stratégies d'affaires (« comment y aller, comment compétitionner ») sera plus décentralisée, permettant aux membres des centres d'activités stratégiques (en général les divisions et les unités opérationnelles) d'être davantage impliqués, d'où le besoin de mieux les informer des résultats passés et des prévisions financières.	3. Le rôle majeur joué par de gros investisseurs institutionnels (fonds de pension, fonds d'investissement de toutes sortes) qui recherchent en même temps une plus grande sécurité et une plus-value nécessite des outils financiers et comptables qui vont au-delà des résultats quantitatifs s'ils veulent influencer les choix stratégiques du groupe.
5. Changements majeurs dans la composition de la main-d'œuvre active : • plus de femmes (d'où plus de place au flair, à l'intuition, aux dimensions esthétiques et qualitatives) ; • plus de personnes âgées de 45 ans et plus possédant des expériences variées et des capacités de mieux s'autocontrôler ; • plus de personnes scolarisées et polyvalentes (d'où la nécessité de mieux les informer et de mieux les impliquer) ; • plus de « spécialistes pointus » au sein de la grande entreprise ; plus de « spécialistes polyvalents » pour conseiller la PME.	4. Nouveaux rôle des cadres consistant à aider les opérateurs à mieux faire leur travail et à contribuer davantage à l'ensemble grâce à la réunification de la pensée et de l'action (d'où des besoins d'information plus grands).

124

TABLEAU 6.3

Besoins et rétributions de l'individu et de l'entreprise

Individus Besoins des années 70	Entreprise et tâche Incitations des années 70
• Besoins primaires de plus en plus élevés • Recherche d'une sécurité d'emploi • Appartenance au syndicat qui subordonne les besoins individuels aux intérêts collectifs • Peu d'actualisation au travail • Promotion et chances d'avancement reposent sur les règles de l'ancienneté et non de la compétence	• Salaire négocié qui ne tient pas compte des différences individuelles • Sécurité d'emploi garantie par la croissance économique • L'entreprise ne gère pas la carrière des individus puisqu'elle négocie la standardisation des habiletés avec le syndicat • Tâches monotones laissant peu de place à l'initiative et à la responsabilisation • Règle de l'ancienneté
Individu **Besoins des années 2000**	**Entreprise et tâche** **Rétributions – années 2000**
• Recherche d'un emploi pour satisfaire ses besoins physiologiques – besoins professionnels plutôt que de sécurité • Adaptation constante à de nouveaux emplois et à de nouvelles situations : besoins de recyclage et d'adaptation • Travail en équipe avec partenaires de formation et de fonctions différentes : besoin de coopération • Besoin d'actualisation plus grand puisque les chances d'avancement et de promotion reposent davantage sur la compétence que sur l'ancienneté	• Offre d'emplois à temps partiel • Salaire fonction du niveau de performance pour tenir compte des coûts moins élevés des pays en voie de développement • Insécurité chronique • Travail plus intéressant et organisé par processus afin de répondre mieux aux besoins des clients • Autonomie plus grande et tâches élargies et enrichies ; moins de supervision directe

125

Les points de vue de dirigeants du milieu quant au rôle des écoles de gestion pour préparer les gestionnaires de demain

Le service d'enseignement, de direction et de gestion des organisations de l'École des Hautes Études Commerciales a organisé au cours de l'hiver 1994 une série de rencontres avec différentes personnes du milieu des affaires montréalais. Voici comment Côté et Dupuis (1994) ont résumé leurs propos :

1. Les écoles de gestion devront, selon Pierre Laurin (1994), directeur général de Merrill Lynch et ancien doyen d'une école de gestion :

   - briser l'étanchéité entre les cours et les programmes et intégrer davantage le tout ;
   - préparer les jeunes à l'insécurité chronique ;
   - insister davantage sur la formation générale.

2. L'entreprise et le gestionnaire auront le profil suivant, selon Louise Roy (1994), présidente de Télémédias, Michèle Ayotte, vice-présidente du Groupe Bourbonnais Conseil, et Jean-Louis Poirier, vice-président administration et ressources humaines de Bombardier (1994) :

   - *l'entreprise* devra réduire ses coûts de main-d'œuvre et de gestion (simplifier les procédés), revoir la gestion de ses ressources humaines et modifier ses structures organisationnelles, en réduisant le nombre de niveaux hiérarchiques;
   - *le gestionnaire* :
     - débutera comme spécialiste d'un domaine ou d'une fonction (savoir) ;
     - gagnera ses galons en exerçant un leadership à travers une vision claire, un horizon temporel à long terme et une façon de fonctionner qui laisse de la place à ses collaborateurs (savoir-être et savoir-faire) ;

- devra avoir une forte discipline personnelle et participer activement aux activités ; (être)
- sera capable de travailler en équipe et de faire travailler une équipe (savoir-être) ;
- sera habile à communiquer, à écouter et à motiver (savoir-faire et savoir-être) ;
- devra être entrepreneur (être).

3. La formation à offrir au futur gestionnaire devra :

- l'exposer au rôle d'intégrateur et de rassembleur ;
- combiner formation spécialisée et culture générale ;
- le préparer à être polyvalent : lui apprendre à « pêcher » ;
- lui apprendre à travailler sous pression dans un environnement complexe et turbulent (adaptation, ouverture d'esprit, vision à long terme).

Nous avons résumé au tableau 6.4 les objectifs et le contenu des programmes d'études d'écoles de gestion canadiennes.

TABLEAU 6.4

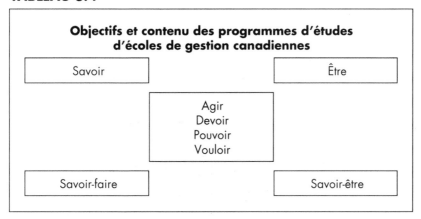

Objectifs et contenu des programmes d'études d'écoles de gestion canadiennes

Savoir	Être
	Agir Devoir Pouvoir Vouloir	
Savoir-faire	Savoir-être

Les objectifs d'un programme d'études en administration sont : transmettre le savoir, améliorer l'être, développer le savoir-faire et le savoir-être afin de préparer les personnes à agir, à devoir, pouvoir et vouloir. Nous décrivons en détail au tableau 6.5 chacun de ces quatre objectifs.

TABLEAU 6.5

OBJECTIFS PÉDAGOGIQUES

SAVOIR (capacités techniques)

- Apprendre des concepts, des modèles, des techniques
- Comprendre les techniques et leur application
- Développer la capacité d'utiliser les techniques
- Acquérir l'habileté d'analyse de problèmes de gestion et de synthèse de plans d'action

SAVOIR-FAIRE (capacité d'action)

- Développer du jugement et de la sagesse
- Clarifier les objectifs et les buts et être capable de replacer des situations dans une perspective plus large et plus à long terme
- Prévoir les conséquences de diverses situations à partir d'événements particuliers
- Apprendre à généraliser à partir de situations particulières et percevoir des tendances à long terme

ÊTRE (caractéristiques personnelles et attributs)

- Clarifier ses buts personnels et ses objectifs de carrière
- Identifier les besoins fondamentaux à la source de ses motivations (physiologiques, de sécurité, sociaux, d'actualisation et de développement personnel)
- Connaître ses principaux traits de personnalité, ses valeurs et évaluer leur impact sur son propre comportement

SAVOIR-ÊTRE (caractéristiques du comportement)

- Développer des attitudes positives nécessaires à un bon fonctionnement au travail (écoute active, communication dans les deux sens, établissement de relations de confiance, sens des responsabilités, leadership, etc.)

Nos observations et celles de personnes interrogées nous amènent à conclure qu'en général les écoles de gestion :

1. transmettent correctement le *savoir*, peut-être même trop correctement, car beaucoup de connaissances peuvent être acquises directement par les étudiants grâce à l'enseignement programmé et assisté par ordinateur, par des cassettes, des vidéos, etc. ;

2. effleurent à peine l'*être* et permettent peu à leurs étudiants de bien se connaître, d'identifier leurs buts personnels et leurs objectifs de carrière, d'évaluer leurs forces et leurs faiblesses, de clarifier leurs divers niveaux de besoins. D'ailleurs, cette connaissance de soi doit débuter dans le milieu familial, au sein du réseau d'amis et se poursuivre toute la vie ;

3. réussissent moyennement à développer le *savoir-faire* et le *savoir-être* puisque ces deux objectifs pédagogiques sont difficiles à atteindre dans un milieu éducationnel. C'est dans le feu de l'action et par l'expérience sur le terrain que se polissent le savoir-être et savoir-faire.

Contenu des programmes d'études en gestion

Voici la liste partielle des cours, relativement au savoir-être et au savoir-faire, offerts par des écoles de gestion canadiennes. Sans avoir effectué un recensement complet des cours donnés dans les écoles de gestion, nous avons voulu connaître la liste de cours offerts généralement par les départements de sciences humaines et de gestion qui visent à développer surtout le savoir, l'être, le savoir-faire et le savoir-être des étudiants.

Nous dénombrons au tableau 6.6, pour quatre programmes d'études en gestion, à savoir le certificat en administration, le baccalauréat en administration, le

MBA et la maîtrise en sciences de la gestion, les cours offerts dans les disciplines qualitatives, à savoir : les sciences humaines, la gestion des personnes, l'analyse de l'entreprise et la gestion de l'entreprise.

TABLEAU 6.6

Recensement des cours des programmes universitaires canadiens				
Contenu qualitatif	Développant le savoir-faire et le savoir-être Nombre de cours			
	Certificat	B. Com.	M.B.A.	M. Sc.
Sciences humaines (« Human Sciences »)	2 à 4	2 à 5	1 à 2	1 à 2
Gestion des personnes (« People Management »)	2 à 3	2 à 4	2 à 4	1 à 4
Analyse de l'entreprise (« The Firm Analysis »)	2 à 6	3 à 7	2 à 6	5 à 9
Gestion de l'entreprise (« Management »)	2 à 4	2 à 7	3 à 7	2 à 3

Cette liste de cours recensés dans les programmes des universités canadiennes énumérés au tableau 6.7 ne contient pas les cours à contenu plus « quantitatif », « plus dur » qui mettent davantage l'accent sur le savoir. Cette liste varie d'une université à l'autre, en particulier à cause du fait que l'accès au programme de 1er cycle en gestion ne se fait pas au même moment au Canada anglais (high school) et au Québec (cégep). Également, le statut de l'école de gestion varie d'une université à l'autre, certaines offrant dans leurs murs tous leurs cours, alors que d'autres demandent à leurs étudiants de prendre des cours hors faculté.

TABLEAU 6.7

Liste des programmes des universités canadiennes retenues*	
Calgary	B. Com., M.B.A.
Carleton	B. Com., M.B.A.
Concordia	MMS : Master of Management Studies
HEC	B.A.A., cert., M. Sc.
Laval	B.A.A., cert., M.B.A., M.Sc.
Laurentienne	B.A.A., M.B.A.
Manitoba	B. Com., M.B.A.
McGill	B. Com., cert., M.B.A.
Moncton	B.A.A., cert., M.B.A.
Ottawa	B.A.A., M.B.A., M.Sc.
Sherbrooke	B.A.A., cert., M.B.A., M. Sc.
Simon Frazer	B.A.A., M.B.A.
Toronto	B.Com., cert., M.B.A.
UQAM	B.A.A., cert., M.B.A., M. Sc.
Western	M.B.A.
* Tiré des annuaires des universités mentionnées.	

Est-ce que la modification des programmes d'études en gestion est survenue grâce à de bonnes relations et à une coopération étroite entre l'université et l'entreprise ?

Relations entre l'entreprise et l'université

Même si nous pouvons dénombrer de multiples types de relations plus ou moins bonnes entre l'entreprise et l'université, Côté (1994) les ramène aux quatre situations extrêmes qui sont présentées au tableau 6.8.

Les situations 1 et 4 du tableau 6.8 ont été peu présentes dans les relations entreprises entre les universités au cours des derniers trente ans. Ce sont plutôt les relations de type 2 qui ont prévalu jusqu'à récemment,

TABLEAU 6.8

	L'entreprise	
	Comprend la mission et les objectifs pédagogiques de l'université	Ne comprend pas la mission ni les objectifs pédagogiques visés par l'université
Comprend les besoins de l'entreprise	1. Compréhension mutuelle	2. L'université va lui communiquer ce qu'elle croit être correct, compte tenu de sa perception des changements de fond par rapport aux changements éphémères
Ne comprend pas les besoins de l'entreprise	3. L'entreprise va tenter de persuader le monde académique de répondre à ses besoins en s'appuyant sur des changements survenant dans son environnement, dans ses ressources internes, dans sa culture et dans les valeurs de ses dirigeants	4. Prise de position respective irréconciliable ; chaque partie énonce ce qui lui paraît correct et se place dans une position à prendre ou à laisser

(colonne de gauche, en vertical : L'université)

l'université se contentant de consulter à distance les employeurs trop occupés à répondre à une demande toujours croissante et capables de choisir entre des diplômés, de plus en plus nombreux, ceux qui accepteraient de faire un bout de carrière chez eux. Cependant, depuis quelques années, face à des diplômés de moins en moins aptes à combler les exigences intellectuelles et comportementales des nouveaux postes de travail, les employeurs ont adopté le comportement de type 3, soit en créant eux-mêmes leur propre « université » lorsqu'ils en avaient les moyens, soit en mandatant leur association de la mettre sur pied.

Nous pouvons même formuler l'hypothèse que, dans l'avenir, à cause de la rapidité et de l'ampleur des changements qui surviennent de toute part dans l'environnement, de la complexité croissante des problèmes de gestion et de la naissance et de la montée de la « nouvelle économie » qui, selon Beck (1994), représente des industries en croissance qui emploient surtout une main-d'œuvre très instruite, les liens entre l'entreprise et l'université seront plus difficiles à définir puisque la première ne saura plus très bien exprimer ses besoins et ses attentes. De son côté, l'université ne saura plus très bien quoi conserver de ses expériences accumulées. Comment, alors, pourra-t-elle identifier les besoins de ces industries en croissance rapide (ordinateurs, semi-conducteurs, soins de la santé, communication et télécommunication, instrumentation, loisirs, services personnels, etc.), qui s'appuient autant sur le développement du savoir que sur celui du savoir-faire et du savoir-être?

Les modèles traditionnels de collaboration sont donc à réinventer et à réajuster constamment si les deux parties veulent se retrouver chacune dans une position gagnante. Nous ne croyons pas que la position que semble adopter la grande entreprise nord-américaine en mettant sur pied sa « propre université » soit la meilleure façon de procéder. En effet, une telle fuite conduit à dédoubler des institutions de haut savoir dont le fonctionnement coûte déjà très cher. De plus, on risque de former des ressources qui risquent d'être tellement adaptées aux coutumes et aux façons de faire de leur employeur qu'elles en viendront à perdre, peut-être, une partie de leur mobilité d'emploi, et même de leur liberté de penser et d'agir. Devant de tels risques, la confrontation doit être évitée par une action concertée qui nécessitera de la part des principaux acteurs beaucoup d'abnégation, d'humilité, d'ouverture d'esprit et un désir profond d'expérimenter des situations nouvelles. Il ne serait pas plus opportun de modifier en profondeur les programmes de formation qui ont fait le succès des écoles de gestion et auxquels s'identifient des milliers de diplômés. Ces derniers verront leurs diplômes se dévaluer si on modifie trop considérablement le contenu des cours qu'ils ont suivis, ainsi que les objectifs des programmes d'études. L'école de gestion de l'an 2000 ne doit plus se contenter d'ajouter des cours nouveaux à contenu plus « qualitatif » à sa liste actuelle de cours à contenu plutôt « technique ».

La planification stratégique et la fonction finance-contrôle

Le tableau 6.9 résume les principales étapes suivies par la direction d'une entreprise pour gérer stratégiquement.

On voit que la direction de l'entreprise scrute d'abord l'environnement pour découvrir les principales occasions et menaces qui s'y trouvent afin d'identifier un certain nombre de stratégies qui paraissent intéressantes. Le dirigeant définit la stratégie en se rappelant qu'elle sert de moyen pour l'atteinte de la mission de l'entreprise ainsi que des principaux objectifs à réaliser. Au sein de toutes les organisations on peut distinguer trois niveaux de stratégie (qui se retrouvent généralement dans la tête de la même personne lorsqu'il s'agit d'une PME, mais qui sont définies par des personnes différentes au sein d'une grande entreprise), à savoir : la stratégie directrice, définie par le sommet de l'entreprise qui cherche à répondre à l'interrogation « *Où investir, dans quels secteurs d'activité œuvrer ?* » ; la stratégie d'affaires, formulée par la direction de chaque centre d'activité stratégique, qui répond à la question « *Comment être compétitif dans son champ d'activité, comment se battre avec ses concurrents ?* » ; la stratégie fonctionnelle, définie par les gestionnaires de chacune des fonctions de l'entreprise, soit la finance, le marketing, les opérations, les ressources humaines, la recherche et le développement, qui précise les moyens à utiliser pour se battre avec les concurrents.

TABLEAU 6.9

LA FONCTION FINANCE-CONTRÔLE

Environnement	Formulation de la stratégie : identification des risques liés à l'environnement en ce qui a trait aux possibilités et aux menaces identifiées par des faits et des hypothèses
• Mission :	choix des appariements produits-marchés et de la technologie choisie
• Objectifs :	résultats escomptés quantitatifs et qualitatifs
• Stratégies : (3 niveaux)	1) entreprise ; 2) centre d'activité stratégique ; 3) fonction.
1. Directrice :	le choix du portefeuille d'activités (où investir) : comment équilibrer besoins de capitaux et entrées de fonds
2. Affaires :	comment compétitionner : par des coûts bas ou des produits différents
3. Fonctionnelle :	avec quoi se battre : choix des moyens utilisés en ressources humaines, financières, gestion des opérations, recherche et développement, etc.

Actions	Mise en œuvre de la stratégie
• Plans, programmes, budget • Ressources disponibles • Tâches requises • Partage de l'autorité • Centralisation pour rationaliser • Décentralisation par souci d'autonomie • Structure formelle	• Quels sont les besoins d'information pertinente pour assurer la réalisation des objectifs et des stratégies ? • Avons-nous les ressources suffisantes pour mener nos plans à terme ?

Résultats	La minute de vérité
Quantitatifs	**Qualitatifs**
Que faut-il mesurer ? Par marché, % profit, RSI %, coûts directs, productivité par personne, par machine, par équipe de travail, etc.	Qualité de la personne, du climat, des produits etc.
Risques liés aux opérations, aux délais et aux horaires	Taux de fidélité des clients
Comment nous comparons-nous avec les plus performants de notre industrie ? Sommes-nous efficients ?	Comment connaître la santé future de notre entreprise ? Quels sont les risques liés à la qualité et à l'efficacité ?
L'expert en finance-contrôle...	
ou	
le technocrate du passé ?	la sentinelle du futur ?

135

Une fois définie, la stratégie est mise en œuvre par l'intermédiaire des structures, des systèmes de planification et de contrôle, d'information et de récompenses et punitions. Des plans, des programmes et des budgets sont élaborés pour traduire la stratégie en projets d'action. Enfin, en cours d'exécution, les résultats sont évalués et mesurés à l'aide de critères quantitatifs et qualitatifs afin d'apporter, autant aux objectifs qu'aux stratégies, aux plans et aux budgets, les correctifs jugés nécessaires à la suite des changements survenus dans l'environnement et dans les ressources de l'entreprise.

Voyons maintenant si la fonction finance-contrôle joue pleinement son rôle à chacune des étapes de la planification stratégique. Nous tenons à souligner que les remarques et les réflexions que nous soumettons ici découlent de notre perception et de nos observations du fonctionnement des entreprises, et ne s'appuient sur aucun sondage scientifique. Les impressions des lecteurs peuvent donc différer totalement ou partiellement de nos points de vue.

La fonction finance-contrôle, selon nous, ne joue pas pleinement son rôle dans l'analyse de l'environnement, parce qu'elle se limite trop souvent à quantifier sommairement certains choix stratégiques ou, pire encore, parce qu'elle s'en tient à une analyse réduite des coûts et des bénéfices effectuée à partir de renseignements incomplets, d'hypothèses de travail non validées et de probabilités douteuses. L'imprécision et la faible validité des estimations quantifiées ne seraient pas un problème en soi si la direction de l'entreprise les traitait comme des approximations, mais tel n'est pas toujours le cas. Malheureusement, une fois qu'une probabilité ou qu'une hypothèse est mise par écrit et chiffrée, elle est traitée sur le même pied qu'une information certaine.

Quelle peut être la contribution du gestionnaire de la fonction finance-contrôle à l'identification des occasions et des menaces présentes dans l'environnement de l'entreprise ? Par souci de conservatisme, n'est-il pas plus porté à s'intéresser davantage aux menaces qu'aux occasions, au passé qu'au futur ? Or l'environnement de 1995 est de plus en plus incertain, rendant difficiles des prévisions sur dix ans, car le futur immédiat est imprévisible. Également, l'environnement est de plus en plus hostile parce que l'entreprise d'ici compétitionne avec des concurrents localisés quelque part dans d'autres pays, et possédant des forces qui leur permettent d'être plus concurrentiels. Enfin, l'environnement de l'entreprise québécoise et canadienne est de plus en plus hétérogène, car les sources de changements sont multiples sur le plan politique, économique, culturel, social, écologique, légal et technologique. Ainsi, comme l'environnement général de l'entreprise est très complexe et changeant, il est souhaitable que le plus grand nombre d'experts puissent contribuer à le comprendre et à l'analyser afin de s'y adapter le mieux possible. À cette fin, l'expert de la fonction finance-contrôle doit accroître sa contribution. Mais pour ce faire, il doit troquer ses **« lunettes permettant de lire le passé davantage quantifié »** contre d'autres **« lunettes permettant de lire l'avenir plus qualitatif »**.

Quel intérêt le gestionnaire de la fonction finance-contrôle attache-t-il à la mission de l'entreprise et à son actualisation ? Quelle contribution apporte-t-il à l'identification des changements qui surviennent dans les produits et les marchés de son entreprise ainsi que dans les nouvelles technologies utilisées ? Pour illustrer l'ampleur des changements qui se produisent constamment dans ces couples, examinons rapidement ce qui s'est passé depuis une dizaine d'années dans le secteur de l'épicerie, secteur considéré comme ayant atteint sa maturité. D'abord, nous constatons que plusieurs nouveaux types de magasins sont apparus, soit les grandes surfaces, puis plus récemment les *hypersurfaces*, les magasins spécialisés, les marchés publics, puis les clubs d'achat. De telles modifications amènent les grandes chaînes d'alimentation à investir des sommes considérables pour transformer leurs locaux actuels, acquérir ou construire de nouveaux locaux mieux adaptés aux exigences de l'industrie et aux besoins de la nouvelle technologie de distribution utilisée. Ainsi, selon le type de commerces observés, les choix stratégiques passent par le leadership de coûts ou la stratégie de différenciation, les deux nécessitant une information comptable très différente. En effet, le premier a besoin de beaucoup de données quantitatives désagrégées pour mesurer les économies d'échelle ou d'envergure atteintes par chacun des centres d'activité de l'entreprise, alors que la seconde a besoin de savoir le montant optimum, au-delà des coûts réels, qu'il est possible de facturer en prime au client pour lui faire payer la valeur ajoutée que les produits de l'entreprise lui apportent.

Ainsi, l'exemple cité précédemment illustre bien la nécessité pour chaque groupe d'experts de contribuer à la surveillance de l'information significative et pertinente qui déclenche souvent des révisions en profondeur de la mission et des objectifs généraux de l'entreprise. Ces données, porteuses de l'avenir, sont le plus souvent en dehors des circuits réguliers d'information utilisés par la fonction finance-contrôle. Voilà pourquoi cette dernière devra sans doute s'adjoindre des experts en sciences humaines, en gestion des ressources humaines ainsi qu'en comportement des consommateurs pour l'aider à développer des outils pour capter, analyser et mesurer l'impact des dimensions qualitatives sur l'avenir de l'entreprise. Dans un avenir immédiat, la fonction finance-contrôle devra accroître son rôle dans tous les domaines. En effet, elle peut aider davantage la haute direction de son entreprise à décider où investir et quel portefeuille d'activité se constituer en l'aidant à mieux mesurer l'impact de données qualitatives souvent floues et incomplètes. Son apport peut également être précieux pour aider la direction des centres d'activité stratégiques à mieux choisir la manière d'être compétitif dans son secteur en lui fournissant de l'information inédite portant sur les avantages et les coûts de chaque choix envisageable, sur les besoins en investissements nouveaux, ou sur les coûts des principaux concurrents dispersés aux quatre coins du monde. Enfin, la fonction finance-contrôle devra encore être capable d'assister les gestionnaires fonctionnels dans le choix des moyens qu'ils comptent utiliser pour se battre. Sa contribution peut être précieuse lorsque arrive le moment d'arbitrer le partage de ressources rares entre plusieurs fonctions et de tenter de mesurer les conséquences de tel ou tel choix sur les résultats à long terme de l'entreprise tout entière. Il est connu que la maximisation des résultats de chaque fonction ou portion de l'entreprise se fait souvent au détriment du résultat global. C'est ce rôle d'arbitrage d'intérêts divergents que la fonction finance-contrôle peut assumer davantage dans l'avenir à titre de membre de l'équipe de direction.

Si la fonction finance-contrôle nous semble sous-utilisée sur le plan de l'analyse de l'environnement de l'entreprise, nous pouvons également dire qu'elle l'est sur le plan de l'analyse des ressources de la firme. En effet, elle ne joue pas un rôle aussi complet qu'elle le devrait parce qu'elle se cantonne trop souvent dans la cueillette et dans l'examen des données financières passées qui sont le reflet des résultats mesurables immédiatement. Elle laisse de côté une grande quantité d'information de nature plus qualitative qui reflète souvent le véritable état de santé de l'entreprise et qui laisse entrevoir ses chances de développement dans le temps. Malheureusement, les états des profits et des pertes, s'ils présentent assez bien la performance à court terme d'une entreprise, sont moins utiles pour prédire la performance future qui s'appuie très souvent sur des données qualitatives méconnues, ou pire, ignorées volontairement par l'expert en finance-contrôle. Ainsi, quand ce dernier dispose de l'information quantitative et qualitative pour savoir si l'entreprise possède tout ce qu'il faut pour réussir, en ce qui concerne ses ressources, ses structures, ses systèmes de gestion, d'information et de contrôle, il lui est alors possible de jouer davantage son rôle de sentinelle au sein de l'équipe de direction.

Enfin, l'évaluation des résultats, du côté de la partie quantitative, est faite adéquatement si l'on en juge par le grand nombre de ratios quantitatifs disponibles. Ce qui est moins bien fait, par contre, c'est la comparaison avec les entreprises les plus performantes. Par exemple, nous possédons rarement les données, concernant une industrie, qui nous permettent de dégager les moyennes pour établir le « par » afin de se comparer et de savoir si l'on se situe au-delà ou en deçà de la moyenne. Nous pensons qu'il y a beaucoup de travail à faire de ce côté-là. Et si la fonction finance-contrôle ne le fait pas, d'autres experts le feront à sa place.

Si les dimensions quantitatives sont assez bien évaluées, ce n'est pas le cas des dimensions qualitatives. Ces dernières sont très utiles pour connaître la santé future de l'entreprise. En effet, la qualité du climat de travail, le niveau de motivation des gens, le type d'individus qu'on recrute dans l'entreprise, la qualité des relations avec les clients sont autant d'indices qui permettent d'évaluer les chances de réussite de l'entreprise. Or ce sont les spécialistes en ressources humaines qui ont les habiletés requises pour mesurer ces dimensions qualitatives. Il est probable que l'expert de la fonction finance-contrôle aurait intérêt à côtoyer davantage ces gens et à financer un peu plus leurs recherches.

Nous aimerions postuler que l'expert de la fonction finance-contrôle peut poursuivre deux carrières. Une première est celle d'un technocrate très spécialisé au siège social de l'entreprise multinationale. Mais à cause des efforts de centralisation déployés pour renforcer les contrôles sur les coûts, il est souvent éloigné de l'action. Il est alors souvent perçu comme le policier contrôleur ou le technocrate du passé, chargé du contrôle des résultats quantitatifs à court terme. Une seconde carrière est ouverte à celui qui agit comme conseiller auprès des dirigeants de PME. Il joue un rôle majeur auprès de ces dirigeants puisqu'il est souvent le seul expert avec lequel la PME fait affaire. Et à ce moment-là, il est appelé à jouer le rôle d'un généraliste. Est-il toujours capable ou bien préparé à jouer ce rôle de généraliste, de sentinelle du futur ? La réponse n'est pas évidente pour tous les experts de la fonction finance-contrôle, puisque leur personnalité, leurs études et leurs expériences accumulées ne les ont pas tous préparés à travailler avec des dimensions qualitatives et à conduire en regardant vers l'avant pour prévoir les virages qui surgissent sans trop d'avertissement, plutôt qu'en regardant dans le rétroviseur, se laissant guider par le passé.

En conclusion, nous sommes conviés à redéfinir le métier de gestionnaire pour en faire un métier centré sur l'être humain et sur le respect des autres – le client, le fournisseur, l'employé, l'actionnaire – un métier capable d'ajouter de la valeur pour chacun d'eux et non plus seulement pour l'actionnaire. Dans cette même ligne de pensée, la fonction finance-contrôle aura, sans doute, à vivre des changements importants, autant dans ses tâches primaires que dans sa contribution à l'atteinte des objectifs de l'entreprise. Elle aura sûrement à mener une action plus directe au sein de l'équipe de direction, autant en ce qui concerne la formulation de la stratégie que sa mise en œuvre et l'évaluation des résultats obtenus.

RÉFÉRENCES BIBLIOGRAPHIQUES

Annuaires généraux et particuliers d'écoles et de facultés de gestion du Canada, bibliothèque de l'École des HEC, à Montréal.

Beck, Nuala, « Le Québec est l'un des terrains les plus fertiles de la nouvelle économie », une entrevue de Pierre Duhamel, *Affaires Plus*, février 1994, p. 16-19.

Côté, Marcel, « Case Method, Case Teaching and the Making of a Manager », Klein HE (ed.), *Innovation Through Cooperation*, Wacra, Neadham, Mass., 1993, p. 39-48.

Côté, Marcel, *Les Liens entreprise et université*, document inédit, École des Hautes Études Commerciales, 1994.

Côté, Marcel et al., *Le Cadre intermédiaire : une espèce en voie de disparition*, document inédit, École des HEC, 1994.

Côté, Marcel et Dupuis, Jean-Pierre, *L'Université et l'Entreprise en l'an 2000*, document inédit, École des HEC, 1994.

Crozier, Michel, « Le changement ne sera pas l'œuvre de politiques », entrevue rapportée par J.-F. Duchaîne dans *Le Devoir*, 20 mars 1994.

Hammer, M. et J. Champy, *Le reengineering*, Paris : Dunod, 1993.

Katz, R.L., « The Skills of an Effective Administrator », *Harvard Business Review*, septembre-octobre, 1974, p. 90-102.

Mintzberg, Henry, « The Manager's Job : Folklore and Fact », *Harvard Business Review*, juillet-août, 1975, p. 49-61.

Roskies, Ethel, « Les cadres d'entreprises sont menacés : ne parlons plus de sécurité d'emploi, mais plutôt d'employabilité », La Presse, Montréal, 17 octobre 1993.

Toffler, Alvin et Heidi, *Guerre et anti-guerre*, Paris, 1994.

Les gardiens de l'ordre du calcul et de la raison en quête d'image

par Richard Déry

*Trois et deux font cinq. Cinq et sept douze. Douze et trois quinze.
Bonjour. (...)Ouf! Ça fait donc cinq cent un millions six cent vingt-deux
mille sept cent trente et un. Millions de (...) petites choses dorées
qui font rêvasser les fainéants. Mais je suis sérieux, moi!
Je n'ai pas le temps de rêvasser. (...) je possède les étoiles,
puisque jamais personne avant moi n'a songé à les posséder. (...)
Je les gère. Je les compte et je les recompte (...) C'est difficile.
Mais je suis un homme sérieux! (...) je puis les placer en banque.(...)
Ça veut dire que j'écris sur un petit papier le nombre de mes étoiles.
Et puis j'enferme à clef ce papier-là dans un tiroir. Ça suffit!*

Antoine de Saint-Exupéry, *Le Petit Prince*

RÉSUMÉ

*Au cœur de la tourmente de la nouvelle économie, étant
toujours l'indéfectible gardien de l'ordre du calcul et de la
raison, le contrôle de gestion se cherche une voie d'avenir
et, chemin faisant, en perd son image. C'est à cette quête
d'identité imaginaire qu'est consacré cet article. Nous y*

verrons qu'en tournant le dos à sa mission première, à son triple rôle de fiduciaire, de vérificateur et de témoin objectif de la réalité comptable, le contrôle de gestion a croqué du fruit défendu et est, depuis lors, en butte aux inévitables tourments inhérents à la modeste condition humaine d'acteur organisationnel. Il se questionne, il avance en reculant, il se fait enjeu, il se politise, en perd son langage et, sans cesse, il poursuit sa quête du paradis à jamais perdu.

Prologue

Cet article est une triste histoire vécue, celle d'un contrôleur de gestion qui, après avoir croqué dans la pomme du savoir, ne sait plus.[1] Bouté hors du paradis comptable, il erre depuis lors sans fin dans les vastes contrées théoriques, à la recherche de son image, de sa pratique et de son destin. Sa quête est noble, sa trajectoire toujours tragique. C'est donc l'histoire de cette quête que je veux raconter et, comme dans toutes les belles histoires vraies, elle commence par « Il était une fois » et se termine par « Ils vécurent heureux et eurent de nombreux enfants ».

IL ÉTAIT UNE FOIS... Le paradis perdu

Au temps béni du commencement, le contrôleur de gestion régnait en maître incontesté sur une contrée simple, en croissance et prévisible, l'entreprise industrielle du tournant du siècle. Sa tâche : témoigner objectivement de la réalité concrète des flux monétaires tout en tenant à jour des indices de bien-être collectif sous forme de ratios comptables. Établir les coûts et les prix allait alors de soi. Dresser les bilans et autres états comptables composait la noblesse de sa tâche. Personne d'ailleurs ne mettait en doute sa prose comptable. C'était un homme de principes et, fussent-ils comptables, ils inspiraient confiance. Gardien de l'ordre du calcul et de la raison, le contrôleur de gestion devait s'en tenir à ce qu'il savait le mieux faire : la pratique comptable.

En fait, lorsqu'en 1547 Henri II, roi de France, créa le poste de *contrôleur général des finances*, il jeta les bases d'une pratique que l'on pensait jusqu'ici immuable. Le contrôleur général des finances du roi avait pour principale tâche de vérifier les quittances des trésoriers. C'est dire que dès sa naissance, le contrôle de gestion était considéré comme un instrument de surveillance et de vérification des finances.[2] D'entrée de jeu, contrôler, c'était d'abord et avant tout surveiller, vérifier, inspecter. Du même coup, que cela lui plût ou non, partout, le contrôleur de gestion fut perçu comme un surveillant, un vérificateur, un inspecteur.[3]

Dans l'entreprise, son rôle était, diraient certains, un rôle de chien de garde des finances, ou, plus noblement, de gardien de son intégrité financière. Dans les limites fixées par son paradis, le contrôleur de gestion était partout vu comme une personne ayant une saine méfiance, capable de détecter les fraudes et les vols, susceptible de pointer du doigt le laxisme et la paresse, et toujours là pour mettre en lumière les écarts entre la réalité et ce que l'on en attendait. Par ce rôle, il assurait la protection des tiers, en particulier des créanciers, et contribuait au maintien des nécessaires relations de confiance entre tous les partenaires de l'entreprise. Mieux encore, par son action objective et par ses pratiques en matière de contrôle de gestion, il contribuait au développement de l'entreprise, à sa croissance et à son devenir.

De la tentation à la déchéance

Réputé rationnel et objectif, le contrôleur de gestion devait se contenter de ses règles pratiques, normalisées, objectives, universelles et juridiquement promulguées. Mais voilà, les jardins de l'autre étaient fort invitants et ceux et celles qui les cultivaient se faisaient insistants et lui avaient bâti une très mauvaise réputation. Le saut dans l'inconnu était d'autant plus inévitable que le contrôleur de gestion avait vite fait le tour de son propre paradis. En outre, un vent de tempête, voire même de tourmente, balayait son paisible territoire.[4] Des usines se cachaient dans l'usine[5], les services prenaient le relais des fabriques,[6] l'immatériel et le futile se substituaient au matériel et à l'utile,[7] la nouvelle économie chassait l'ancienne,[8] le stratégique s'opposait à l'opérationnel,[9] la vision prenait les commandes,[10] l'entreprise se faisait virtuelle,[11] intelligente,[12] en réseau,[13] post-moderne,[14] à valeur ajoutée,[15] à l'écoute,[16] du 3ᵉ type,[17] de la deuxième ère,[18] apprenante,[19] du XXIᵉ siècle,[20] etc. Oui, la tentation de quitter son paradis était vive, ne fût-ce que pour un court instant. Au-delà des limites de son univers axiomatique et mécanique, il y avait tant de merveilles à découvrir, tant de contrées à visiter, tant de savoirs à acquérir! Comment résister? Surtout, pourquoi résister? Quel risque y avait-il à se livrer à de brèves incursions en territoires inconnus? Au pire, se disait-il, il reviendrait bredouille, au mieux il en sortirait enrichi. Le jeu en valait la chandelle, l'analyse coûts-bénéfices ne laissait pas de doute sur la pertinence du voyage. C'était sans compter les risques d'y perdre son âme, d'y laisser son image et son langage...

C'est donc ainsi qu'un beau jour, sans trop y prendre garde et mû par un irrésistible besoin de savoir, le contrôleur de gestion croqua du fruit défendu et devint, du même coup, l'ombre de lui-même, nommément un professeur-chercheur en contrôle de gestion, ce théoricien universitaire des temps modernes. Hors du paradis pratique, le professeur-chercheur tente, depuis sa déchéance, d'y revenir tout en s'en éloignant. Reculant sans cesse les bornes de son savoir, il constate aujourd'hui l'étendue de son ignorance.

La quête

Au cours de son inlassable quête de connaissances, le professeur-chercheur en contrôle de gestion s'est successivement enrichi de trois perspectives d'étude, soit les perspectives mécaniste, organiciste et sociale. Tributaires de représentations de l'organisation,[21] elles-mêmes liées à différentes façons de se représenter l'action humaine[22] et la société,[23] voire même l'ensemble du réel, chacune des perspectives d'étude lui offre une variété de courants théoriques dans lesquels il peut esquisser une image du contrôle de gestion qui, autant au regard de l'entreprise, de sa gestion que de ses ressources, se trouve chargée d'un sens particulier. En outre, dans chacune d'elles, le professeur-chercheur peut se trouver une image et tracer un portrait de l'entreprise et de sa gestion.[24]

Toutes ces images, le professeur-chercheur les voit comme autant d'éclairages différents d'une même réalité, chacune mettant en lumière certaines facettes de son paradis perdu, offrant une certaine image de ce qu'il est et de ceux et celles qui s'y trouvent encore, tout en laissant dans l'ombre d'autres facettes de la réalité comptable. Aucune ne permet donc à elle seule d'épuiser la réalité du contrôle de gestion. Toutefois, ensemble, elles favorisent un regard riche, mais toujours partiellement contradictoire et confus, sur une réalité à jamais mouvante et insaisissable.

La perspective mécaniste

Première perspective que le professeur-chercheur a forgée lors de son exil, la perspective mécaniste contient, en quelque sorte, le souvenir vivace de son paradis perdu. Cette perspective comprend cinq principaux courants théoriques, à savoir les courants juridique, éthique, historique, économique et instrumental. Reprenons, brièvement, chacun de ces courants. Dans chacun d'eux, le professeur-chercheur reconstruit une image de son double (le contrôleur de gestion), de son action et de son milieu.

Dans **le courant juridique**, l'entreprise est une entité légale, une personne morale ayant une forme juridique particulière. Dans cet univers juridique, le contrôle de gestion prend la forme d'un code de procédures et de normes légales à respecter.[25] L'information comptable s'y réduit à une obligation légale qui a pour forme le bilan et les autres états comptables. Le contrôleur de gestion y revêt une image traditionnelle de vérificateur objectif et légaliste.

Complément du précédent, **le courant éthique** double l'image légaliste d'un questionnement sur le bien et le mal.[26] Dans ce courant, l'entreprise se mue en un ensemble de contraintes auxquelles chacun doit se soumettre. Le bien-être de chacun est en quelque sorte tributaire du bien-être collectif. Dans un tel contexte, le contrôle de gestion se fait déontologique et prend la forme d'un ensemble de principes comptables à respecter. Fiduciaire de l'entreprise, être de devoir, le contrôleur de gestion produit l'information comptable, qui a précisément, ici, le statut d'un devoir à accomplir.

De statique qu'elle est dans les deux premiers courants, l'entreprise, dans **le courant historique**, se met en mouvement, se trouve en perpétuelle construction.[27] Elle devient, en quelque sorte, un processus continu. Dans cette réalité mouvante, le contrôle de gestion joue le rôle de mémoire collective, de lieu où s'archivent les faits et gestes de l'entreprise. Fait historique à comptabiliser, l'information comptable est maintenant sous la responsabilité d'un contrôleur de gestion au double statut d'archiviste et d'historien.

Dans **le courant économique**, l'entreprise est tantôt vue comme un système d'allocation de ressources rares, tantôt comme le lieu d'échange de ressources et de transactions contractuelles, et parfois comme un vaste marché dans un autre plus vaste encore.[28] C'est dire combien l'image du contrôle de gestion y est multiple. Inscrit au cœur du processus d'allocation des ressources, le contrôleur de gestion se fait l'avocat des transactions économiques, le surveillant des échanges de ressources, l'observateur privilégié des faits économiques dont il doit tenir le bilan.

Dans **le courant instrumental**, l'entreprise se transforme en moyen au service de l'action collective.[29] Le contrôleur de gestion doit, du même coup, cesser d'être un témoin objectif de la réalité des autres. Il doit faire une œuvre utile : fournir prévisions et écarts, offrir de l'information et de l'analyse comptables, favoriser la prise de décisions et l'action administrative. Le contrôleur de gestion s'active. Il entre dans le jeu de l'entreprise, se fait acteur à titre de décodeur de la réalité des autres, de soutien à la décision et à l'action. Devenu plus actif, le contrôleur de gestion veut assurer ses arrières tout en se ménageant un avenir. S'il veut être vraiment utile, il doit en savoir plus. Il s'ouvre à la seconde perspective.

La perspective organiciste

Essentiellement constituée de deux courants théoriques, la perspective organiciste, comme son nom l'indique, prend racine dans l'univers du vivant. L'entreprise y est construite comme un système plus ou moins fermé.

Dans **le courant cybernétique**, l'entreprise se présente sous les traits d'un système relativement mécanique, relativement fermé.[30] Posée comme système, l'entreprise prend la forme d'un ensemble d'éléments ayant des relations d'interdépendance. Sous ce regard, le contrôleur de gestion comprend que l'intervention sur l'une des parties de l'entreprise peut avoir plusieurs incidences sur les autres et, par voie de conséquence, sur l'ensemble. Pour ne pas risquer, par mégarde, de déséquilibrer tout le système, le contrôle de gestion se fait tableau de bord où se trouvent inclus tous les éléments critiques du système. L'information comptable se fractionne en autant d'indicateurs de système, et le contrôleur de gestion se met au service d'un système de pilotage devant régulariser l'ensemble de l'entreprise.

Dans **le courant évolutionniste**, le système s'ouvre à l'environnement, et l'entreprise revêt la forme d'un organisme vivant aux prises avec les aléas de son environnement.[31] De l'adaptation à celui-ci dépend sa survie. Il est fini le temps de l'enfermement interne ; il en va de la survie même de l'entreprise. Le contrôle de gestion doit alors jouer un rôle stratégique aux frontières toujours mouvantes de l'entreprise. Inscrit au centre des mécanismes d'adaptation de l'entreprise à son environnement, le contrôleur de gestion doit maintenant recueillir les signaux de ce dernier et les transformer en chaîne de valeur. C'est dire qu'il se fait stratège, tourne le dos au passé pour mieux scruter l'avenir et, sans relâche, relaye les signaux de l'environnement à l'interne.

Enfin situé au sommet stratégique, duquel il peut avoir une vision d'ensemble, le contrôleur de gestion doit maintenant, pour s'y maintenir, mieux comprendre l'entreprise qu'il prétend orienter. Il s'ouvre donc aux différents courants théoriques de la perspective sociale. De passif qu'il était, il bascule alors dans le territoire de l'actif et, de là, tente de maintenir un fragile équilibre entre la raison et le jeu.

La perspective sociale

Dernière conquête de la trajectoire d'abstraction croissante du professeur-chercheur, la perspective sociale est la plus riche en diversité de courants théoriques, mais aussi la plus troublante.

Dans **le courant sociologique**, l'entreprise apparaît sous les traits d'une société humaine, à la fois tributaire passive et partenaire active de sa société d'accueil.[32] Le contrôle de gestion se fait humain et là où il y a de l'humain, il y a de « l'hommerie ». Acteur social au sein d'une entreprise désormais sociale, le contrôleur de gestion voit sa pratique à la fois enrichie et réduite au rang de processus de légitimation et de régulation sociale. L'information objective d'hier cède sa place au statut de croyance et de valeur sociale. Devenu acteur social, le contrôleur de gestion s'ouvre donc à tous les attributs humains, ce que s'emploiera à lui montrer le professeur-chercheur en empruntant le chemin tracé par les autres courants de cette troisième perspective.

Dans **le courant politique**, l'entreprise se fait violence, elle devient une arène politique, ce lieu d'incessants chocs d'intérêts, de luttes fratricides sans fin, de relations de pouvoir, de conflits plus ou moins larvés.[33] À la fois source de pouvoir, enjeu à maîtriser et outil politique à mobiliser, l'information comptable cesse d'avoir le statut privilégié de fait objectif et neutre. Elle devient l'objet de toutes les convoitises, un puissant outil politique aux mains de ceux et celles qui en ont le contrôle, voire même un instrument de domination. Le contrôle de gestion se politise et en perd sa pureté. De pratique comptable objective qu'il était, il devient une pratique politique au service des jeux organisationnels. Tentant d'être au-dessus de la mêlée, le contrôleur de gestion a tôt fait de se rendre à l'évidence : personne n'échappe à l'univers de la politique, à l'obligation de prendre position dans le jeu politique, à la nécessité d'avoir une position qui, forcément, ne pourra être que relative, contingente, partielle et partiale. Là comme ailleurs, le pouvoir, ce véritable oxygène des relations sociales, fait son œuvre. Avec ses seules billes financières, le contrôleur de gestion doit se résoudre à jouer le jeu, à abattre ses cartes comptables, à n'être qu'un joueur politique parmi bien d'autres.

Dans **le courant anthropologique**, le contrôleur de gestion se donne de la culture.[34] Figure mythique du paradis perdu, le contrôleur de gestion se fait manitou et sorcier au cœur des rites tribaux qui ponctuent la vie de son entreprise. Devenue espace culturel au sein d'une plus vaste culture, cette dernière prend des allures d'univers symbolique, de lieu de construction d'artefacts culturels, de pratiques forcément culturelles. Le contrôleur de gestion participe alors à la construction symbolique de son entreprise. Il lui fournit artefacts et langages, rites budgétaires et écritures comptables, mythes d'objectivité et symboles de toute puissance.

Dans **le courant discursif**, le contrôleur de gestion prend la parole et tient son discours au sein de l'univers discursif et langagier qu'est son entreprise.[35] Par sa pratique, le contrôleur de gestion construit des langages, élabore des argumentations, des discours plus ou moins logiques, plus ou moins convaincants. Possédant les clés du langage comptable, véritable virtuose de l'argumentation économique, le contrôleur de gestion joue le double rôle de communicateur et de rhétoricien. Pris au jeu politique de son entreprise sociale, il ne peut échapper à l'obligation d'engager le débat avec l'autre. Son discours et sa logique comptables lui servent de bases de dialogue, d'assises à une argumentation susceptible de susciter l'adhésion libre des esprits, de persuader les autres joueurs.

Dans **le courant cognitiviste**, le contrôleur de gestion fait l'apprentissage de ses limites cognitives.[36] Maillon central dans la chaîne informationnelle qu'est l'entreprise, le contrôle de gestion n'est pas une lecture objective et sans biais de la réalité de celle-ci. Il est tributaire des limites cognitives des contrôleurs de gestion dans la cueillette et le traitement de l'information. Pris au piège de son humanité, le contrôleur de gestion ne peut être que ce qu'il est, un humain fait de jugements et de perceptions plus ou moins biaisés, sensible aux illusions du réel et jamais parfait, jamais omniscient.

Ayant perdu ses illusions d'objectivité et ayant ait le deuil de sa toute-puissance logique, le contrôleur de gestion peut enfin se replier sur lui-même, s'enfoncer dans son jardin secret et engager une salutaire délibération intime, car, aussi social qu'il puisse l'être, il n'en demeure pas moins un être d'intériorité, une réalité psychique. Dans **le courant psychologique**, le contrôleur de gestion redécouvre son humanité et s'ouvre à celle des autres.[37] Son entreprise se fait psychique, devient un lieu d'apprentissages et d'émotions, de raisonnements, tout autant que de sentiments. Il sait maintenant que son monde intérieur peut faire la différence dans le grand jeu de son entreprise. Il comprend que la motivation, la personnalité, les désirs et les visions des uns et des autres sont toujours mobilisés dans le jeu organisationnel et, surtout, il prend conscience de sa richesse tout autant que de ses limites. Il doit maintenant composer avec son humanité.

Au détour de sa blessure narcissique se dresse le rêve, l'évasion imaginaire. **Le courant littéraire** lui offre cette chance.[38] Son entreprise, devenue texte à lire, l'invite à se faire à la fois lecteur de sa réalité et auteur de son histoire. Son herméneutique, sa compréhension du texte organisationnel, son interprétation de l'histoire entrepreneuriale tiennent maintenant lieu d'information comptable.

LA TOUR DE BABEL

Depuis bientôt un siècle, le professeur-chercheur en contrôle de gestion tourne donc en rond en s'éloignant, comme on l'a vu, toujours un peu plus de son paradis perdu. En fait, le professeur-chercheur emprunte un trajet en forme de spirale. Comme cela, tout en avançant plus avant dans sa quête abstraite, il garde toujours un œil sur la réalité comptable qui lui a servi de point de départ et qui, espère-t-il, lui servira à atteindre sa destination ultime.

Toutefois, ce qui, pour le professeur-chercheur, n'est que l'inévitable trajectoire de toute quête de savoir est vite perçu par son double comme un tourbillon conceptuel, voire même une vaste tornade cognitive qui, s'il s'y risquait, le conduirait très certainement à sa perte.

Par ailleurs, remise sur pied, cette tornade prend la même forme pour le professeur-chercheur que pour son double, soit celle d'une vaste tour de Babel aux allures inquiétantes. À l'ombre de cette tour résonne une indescriptible cacophonie faite d'une indéfinie variété de concepts, de modes, de théories, de paradigmes, d'images, de représentations, etc. Pêle-mêle, les systèmes traditionnels de contrôle[39] y côtoient la comptabilité par activités,[40] la gestion des activités,[41] la comptabilité par cycle de vie des produits,[42] la réingénierie des processus,[43] la qualité totale,[44] la chaîne de valeur,[45] etc.

Dans cette cacophonie, le contrôleur de gestion ne sait plus où donner de la tête. Hier encore être de raison et de calcul, il doit maintenant se faire stratège, auteur, rhétoricien, politicien, avocat, décodeur, régulateur social, sorcier, etc.

Étourdi par sa quête et assourdi par le bruit auquel elle donne lieu, le professeur-chercheur se trouve, à l'aube du prochain millénaire, en panne d'idées à des kilomètres conceptuels de son double.

LA RENCONTRE DU PROFESSEUR-CHERCHEUR EN CONTRÔLE DE GESTION ET DE SON DOUBLE
(variation autour du *Petit Prince* de Saint-Exupéry)

Le professeur-chercheur vécut donc seul, sans personne avec qui parler véritablement, jusqu'à une panne dans le désert, aux confins des frontières théoriques. Quelque chose s'était cassé dans sa logique conceptuelle. Et comme il n'avait avec lui ni fournisseur de concepts, ni client friand de pizzas théoriques, il se préparait à essayer de réussir, tout seul, une réparation difficile. C'était pour lui une question de vie ou de mort institutionnelle. Il avait à peine quelques concepts et méthodes à se mettre sous la dent et très peu de temps devant lui.

Le premier soir, le professeur-chercheur s'est donc endormi sur les frontières à mille milles de toute réalité comptable. Il était bien plus isolé qu'un pauvre contrôleur devant piloter dans la tempête de la nouvelle économie. Alors vous imaginez sa surprise, au lever du jour, quand une drôle de petite voix l'a réveillé. Elle disait :

« S'il vous plaît, dessine-moi une solution pratique !

– Hein !

– Dessine-moi une solution pratique ! »

Le professeur-chercheur a sauté sur ses pieds comme s'il avait été frappé par la foudre. Il a bien frotté ses yeux. Il a bien regardé. Et il a vu un petit contrôleur tout à fait extraordinaire qui le considérait gravement.

Le professeur-chercheur regarda cette apparition avec des yeux tout ronds d'étonnement. N'oubliez pas qu'il se trouvait à mille milles de toute réalité comptable, aux confins de son non-lieu théorique. Or son petit contrôleur ne semblait ni égaré ni troublé par la mondialisation des marchés, ni désemparé face à un monde trop complexe à gérer. Il n'avait en rien l'apparence d'un contrôleur perdu au milieu de nulle part, à mille milles de toute réalité comptable. Quand le professeur-chercheur réussit enfin à parler, il lui dit :

« Mais... qu'est-ce que tu fais là ? »

Et son petit contrôleur lui répéta alors, tout doucement, comme une chose très sérieuse :

« S'il vous plaît, dessine-moi une solution pratique. »

Quand le mystère est trop impressionnant, on n'ose désobéir. Aussi absurde que cela lui semblât à mille milles de toutes les entreprises concrètes et en danger de mort institutionnelle, il sortit de sa poche une feuille de papier et un stylo. Mais le professeur-chercheur lui rappela alors qu'il avait surtout étudié l'économique, la statistique, la sociologie, la psychologie, le management et la théorie comptable, puis il dit à son petit contrôleur (avec un peu de mauvaise humeur) que ce n'était pas son métier que de dessiner des solutions pratiques. Son petit contrôleur lui répondit :

« Ça ne fait rien. Dessine-moi une solution pratique. »

Comme le professeur-chercheur n'avait jamais dessiné de solution pratique, il lui fit l'un des seuls dessins dont il était capable, celui d'un système comptable traditionnel. Et il fut stupéfait d'entendre son petit gestionnaire lui répondre :

MODÈLE TRADITIONNEL

« Non ! Non ! Je ne veux pas d'un système traditionnel. Ça cause des distorsions épouvantables et c'est très encombrant. Chez moi, c'est tout petit et tout en services. J'ai besoin d'une solution pratique et toute simple. Dessine-moi une petite solution pratique. »

Alors le professeur-chercheur fit un autre dessin (*voir page suivante*). Son petit contrôleur le regarda attentivement, puis il dit :

« Non ! Cette solution est déjà très malade. Fais-en une autre. »

Le professeur-chercheur fit donc un autre dessin (*voir modèle de Porter à la page 158*).

MODÈLE DE BESCOS ET AL.[46]

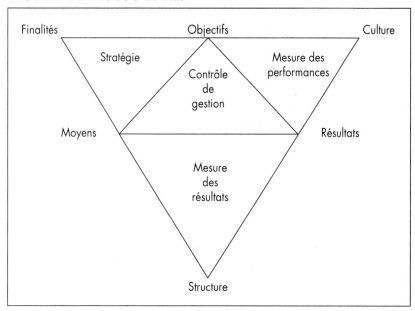

Son ami sourit gentiment, avec indulgence :

« Tu vois bien... ce n'est pas une solution, c'est un problème à résoudre ! »

Le professeur-chercheur refit donc un autre dessin (*voir page 158, modèle de Koontz et O'Donnell*). Mais il fut refusé, comme les précédents :

« Cette solution est trop vieille. Je veux une nouvelle solution pratique. »

Encore une fois, le professeur-chercheur griffonna un dessin (*voir page 159*) aussitôt rejeté :

« Cette solution est trop futuriste. Ce ne sont pas les problèmes de demain que je veux résoudre, mais ceux d'aujourd'hui. »

Alors, faute de patience, comme le professeur-chercheur avait hâte de commencer le démontage de sa

MODÈLE DE PORTER[47]

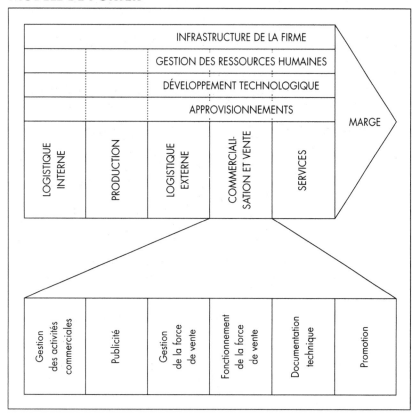

LE MODÈLE DE KOONTZ ET O'DONNELL[48]

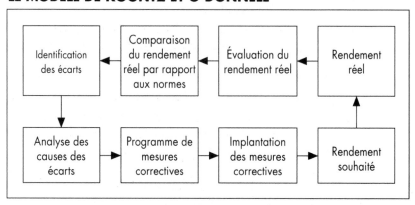

158

L'ENTREPRISE RÉSEAU ET VIRTUELLE DU XXIe SIÈCLE

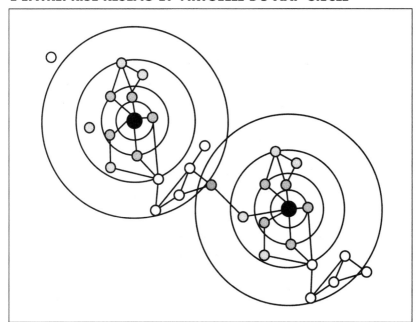

crise existentielle, il lui griffonna un autre dessin et lui lança :

« Ça, c'est la poubelle (*voir page 160*). La solution que tu veux est dedans. »

Le professeur-chercheur fut bien surpris de voir s'illuminer le visage de son petit juge :

« C'est tout à fait comme ça que je la voulais ! Crois-tu qu'il faille beaucoup de problèmes à ma solution ?

– Pourquoi ?

– Parce que chez moi c'est tout petit...

– Ça suffira sûrement. Je t'ai donné une petite solution. »

Son petit contrôleur pencha la tête vers le dessin :

« Pas si petite que ça... Tiens ! Elle vient de se trouver un petit problème à résoudre... »

LE MODÈLE DE COHEN, MARCH ET OLSEN[49]

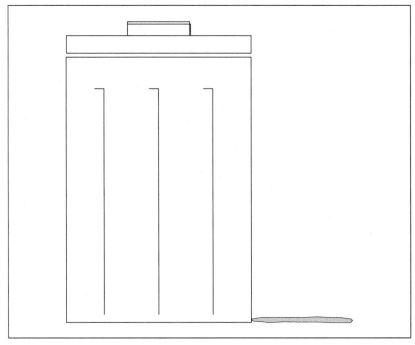

Et c'est ainsi que le professeur-chercheur refit la connaissance de son double.

ET ILS VÉCURENT HEUREUX...

Coincé entre un trop-plein de connaissances jugées futiles et de connaissances problématiques perçues comme utiles, le professeur-chercheur doit, pour sortir de l'étau dans lequel il s'étouffe davantage chaque jour, signer une nouvelle alliance avec son double, celui-là même qui sans cesse le nourrit de ses aventures, de sa réalité et, il va sans dire, de ses ressources financières. La nouvelle alliance, avec ou sans distance critique, devra se faire entre partenaires véritablement égaux, mutuellement respectueux de leurs différences, et non plus sur la base d'un rapport marchand entre producteurs de connaissances et utilisateurs impuissants à se construire les connaissances dont ils ont besoin.

Pour sortir des pièges qu'il se tend, le professeur-chercheur en contrôle de gestion doit cesser de se prendre pour un autre, en l'occurrence son double. Il doit pleinement assumer sa différence. Enfant de la modernité avancée, le professeur-chercheur doit tirer les leçons de sa négation : il n'est pas un praticien et ne le sera jamais. S'il a cru, pour un temps, pouvoir du haut de sa tour d'ivoire donner des leçons à son double, pouvoir dans l'ombre tirer les ficelles de la pratique, il sait aujourd'hui que c'est un rêve impossible. Condamné à l'errance théorique, il ne peut être que ce qu'il est, un fabuleux théoricien trans-disciplinaire qui, de son non-lieu interdisciplinaire, poursuit fébrilement son interminable quête de savoir.

De son côté, le contrôleur de gestion, maintenant conscient qu'il n'y a plus de savoir utile sous le buisson et qu'il n'a pas à subordonner sa pratique à la quête de son double qui, de toute façon, ne le perd jamais de vue et s'en alimente continuellement, peut maintenant et très librement se bricoler ses propres solutions et leur donner les noms qui feront son bonheur.

Ensemble et pleinement conscients de leurs différences, le professeur-chercheur et son double peuvent, enfin, donner naissance aux enfants théoriques et pratiques de demain. Mais cela est déjà une tout autre histoire, et il est plus que temps de se quitter.

NOTES ET RÉFÉRENCES

1. Ce texte est une extension d'une problématique plus large décrite dans un livre à paraître en 1995, sous le titre *Homo administrativus : autopsie d'un mort plein de vitalité. Premiers jalons d'une épistémologie pamphlétaire des sciences de la gestion.* Je tiens à remercier Alain Dupuis, qui a participé à la recherche bibliographique nécessaire à la rédaction de cet article.

2. Pour une histoire générale du contrôle de gestion, voir, entre autres : Johnson, H. T. et R. S. Kaplan, *Relevance Lost. The Rise and Fall of Management Accounting*, Cambridge, Mass : Harvard Business School Press, 1987 ; Johnson, H. T., « The Search for Gain in Markets and Firms : a Review of the Historical Emergence of Management Accounting Systems », *Accounting, Organizations and Society*, 1983, 8(2/3) : 139-146 ; Kaplan, R. S., « The Evolution of Management Accounting », *The Accounting Review*, 1984, (3), p. 390-418.

3. Voir : Boisvert, Hugues, « De la comptabilité à la gestion par activités », *Gestion*, novembre 1993.

4. Voir, entre autres, Boisvert, Hugues, « Le renouvellement de la comptabilité de gestion », *Gestion*, février 1989, p. 23-30 ; Lorino, P., *L'Économiste et le Manageur*, Paris : La Découverte, 1989.

5. Voir : Miller, J. G. et Vollmann, T. E., « La face cachée de l'usine », *Harvard-l'Expansion*, hiver 1986-1987, p. 79-86.

6. Voir : Gadrey, J., *L'Économie des services*, Paris : La Découverte, 1992.

7. Voir : Goldfinger, C., *L'Utile et le Futile. L'économie de l'immatériel*, Paris : Éditions Odile Jacob, 1994.

8. Voir : Beck, Nuala, *La Nouvelle Économie*, Montréal : Les Éditions TRANSCONTINENTAL, 1994 ; Courville, L., *Piloter dans la tempête. Comment faire face aux défis de la nouvelle économie*, Montréal, Québec/Amérique, 1994.

9. Voir : Mintzberg, H., *Le Management. Voyage au centre des organisations*, Paris : Éditions d'organisation, 1990.

10. Voir : Kotter, J., *Le Leadership. Clé de l'avantage concurrentiel*, Paris : InterÉditions, 1990.

11. Voir : Ettighoffer, D., *L'Entreprise virtuelle*, Paris : Éditions Odile Jacob, 1992 ; Davidow, W. H. et M. S.

Malone, *The Virtual Corporation : Revitalizing the Corporation for 21st Century*, New York : Harper, 1992.

12. Voir : Quinn, J. B., *Intelligent Enterprise. A Knowledge and Service Based Paradigm for Industry*. New York : Free Press, 1992.

13. Voir : Poulin, D., Montreuil, B. et S. Gauvin, *L'Entreprise réseau. Bâtir aujourd'hui l'organisation de demain*, Montréal : Publi-relais, 1994 ; Butera, F., *La Métamorphose de l'organisation : du château au réseau*, Paris : Éditions d'organisation, 1991.

14. Voir : Clegg, S., *Modern Organizations : Organization Studies in the Postmodern World*, Londres : Pinter, 1990 ; Hassard, J., et M. Parker (eds.), *Postmodernism and Organizations*, Londres : Sage, 1993 ; Nelson, J. S., « Account and Acknowledge, or Represent and Control ? On Post-Modern Politics and Economics of Collective Responsability », *Accounting Organizations and Society*, 1993, 18(2/3), p. 207-229.

15. Voir : Gagné, P. et M. Lefèvre (éds), *L'Entreprise à valeur ajoutée. Le modèle québécois*, Montréal : Publi-relais, 1993.

16. Voir : Crozier, M., *L'Entreprise à l'écoute. Apprendre le management post-industriel*, Paris : InterÉditions, 1989.

17. Voir : Archier, G. et H. Sérieyx, *L'Entreprise du troisième type*, Paris : Éditions du Seuil, 1984.

18. Voir : Tapscott, D. et A. Caston, *L'Entreprise de la deuxième ère*, Paris : Dunod, 1994.

19. Voir en particulier : Senge, P., *The Fifth Discipline*, New York : Doubleday, 1990.

20. Voir : Salvet, J.-M., *Vers l'organisation du XXIe siècle*, Sainte-Foy : Presses de l'Université du Québec, 1993.

21. Voir : Morgan, G., *Images de l'organisation*, Québec : Presses de l'Université Laval, 1989.

22. Voir entre autres : Hollis, M., *Models of Man. Philosophical Thoughts on Social Action*, Cambridge : Cambridge University Press, 1977 ; Bruyne, P. (de), *Modèles*

de décision, Les rationalités de l'action, Louvain-la-Neuve : Centre d'Études praxéologiques, 1981 ; et Boudon, R., « Déterminismes sociaux et liberté individuelle », *Effets pervers et ordre social*, Paris : PUF.

23. Voir entre autres : Burrel, G. et G. Morgan, *Sociological Paradigms and Organizational Analysis*, London : Heinemann, 1979, et Turner, J., *The Structure of Sociological Theory*, Homewood, Illinois : The Dorsey Press, 1982.

24. Pour d'autres découpages des courants théoriques, voir : Boland, R. J. et L. R. Pondy, « Accounting in Organizations : a Union of Natural and Rational Perspectives », *Accounting, Organizations and Society*, 193, 8(2/3), p. 223-234 ; Bouchard, B., *La Structuration des logiques comptables et administratives des rapports annuels : une approche métaphorique*, M.Sc. École des Hautes Études Commerciales de Montréal, 1993; Davis, S. W., Menon, K. et G. Morgan, « The Images that Have Shaped Accounting Theory », *Accounting, Organizations and Society*, 1982, 7(4), p. 307-318 ; Fillios, V. P., « Four Schools of European Accounting Thought », *The Accounting Historians Journal*, 1981, 8(2), p. 61-78 ; Merchant, K. A. et R. Simons, « Research and Control in Complex Organizations : an Overview », *Journal of Accounting Litterature*, 1986, 5, p. 183-201 ; Morgan, G., « Accounting as Reality Construction : Towards a New Epistemology for Accounting Practice », *Accounting, Organizations and Society*, 1988, 13(5), p. 477-485 ; Tremblay, D. « Les recherches en théorie comptable : la comptabilité, une science à paradigmes multiples », in Y.-A. Côté (éd), *L'enseignement et la recherche face aux sciences comptables en mutation*, Montréal : HEC, 1986.

25. Voir en particulier : Boivin, M. et M. Coderre, *La Comptabilité et le Droit des compagnies*, Montréal : Wilson, Lafleur et Martel ltée, 1986.

26. Voir entre autres : Scheiker, W., « Accounting for Ourselves : Accounting Practice and the Discourse of

Ethic », *Accounting, Organizations and Society*, 1993, 18(2/3), p. 231-252 ; Racine, L., « L'éthique et les affaires », Gestion, mai 1992, 16(2), p. 51-56 ; Shaw, W. H., Business Ethics, Belmont : Wadsworth, 1991.

27. Voir : Littleton, A., *Structure of Accounting Theory*, American Accounting Association, 1953 ; Hopwood, A. G., « The Archaelogy of Accounting Systems », *Accounting, Organizations and Society*, 1987, 12(3), p. 207-234 ; Jencks, W. B., « Historical Datas in Accounting », *Accounting Review*, July, 1954, p. 486-493.

28. Voir : Armstrong, P., « Contradiction and Social Dynamics in the Capitalist Agency Relationship », *Accounting, Organizations and Society*, 1991, 16(1), p. 1-25 ; Baiman, S., « Agency Research in Managerial Accounting : A Survey », *Journal of Accounting Litterature*, 1982, 1, p. 155-213 ; Baiman, S., « Agency Research in Managerial Accounting : a Second Look », *Accounting, Organizations and Society*, 1990, 15(4), p. 341-371 ; Canning, R., *The Economics of Accounting*, New York : Ronald Press, 1929 ; Paton, W., *Accounting Theory*, New York : Ronald Press, 1922 ; Tiessen, P. et J. H. Waterhouse, « Towards a Descriptive Theory of Management Accounting », *Accounting, Organizations and Society*, 1983, 8(2/3), p. 251-267 ; Spicer, B. H. et V. Ballew, « Management Accounting Systems and the Economics of Internal Organization », *Accounting, Organizations and Society*, 1983, 8(1), p. 73-96.

29. Voir : Ansari, S., « An Integrated Approach to Control System Design », *Accounting, Organizations and Society*, 1977, 2(2), p. 101-112 ; Brunsson, N., « Deciding for Responsability and Legitimation : Alternative Interpretations of Organizational Decision-Making », *Accounting, Organizations and Society*, 1990, 15(1/2), p. 47-59 ; Cooper, D. et S. Essex, « Accounting Information and Employee Decision Making », *Accounting, Organizations and Society*, 1977, 2(2), p. 201-217 ; Ferris, K. R. et M. E. Haskins, « Perspectives on Accounting Systems and Human Behavior », *Accounting,*

Auditing and Accountability, 1982(2), p. 3-18 ; Gordon,
L.A., Larcker, D. F. et F. D. Tuggle, « Strategic Decision
Processes and the Design of Accounting Information
Systems : Conceptual Linkages », *Accounting, Orga-
nizations and Society*, 1978, 3(3/4), p. 203-213 ; Hed-
berg, B. et S. Jönsson, « Designing Semi-Confusing
Information Systems for Organizations in Changing
Environments », *Accounting, Organizations and
Society*, 1978, 3(1), p. 47-64 ; Miller, P. et T. O'Leary,
« Making Accountancy Practical », *Accounting, Organi-
zations and Society*, 1990, 15(5), p. 479-498 ; Mitroff,
I. I. et R. O. Mason, « Can we Design Systems for
Managing Messes ? Or, why so Many Management
Information Systems are Uninformative », *Accounting,
Organizations and Society*, 1983, 8(2/3), p. 195-203 ;
March, J. G., « Ambiguity and Accounting : the Ellu-
sive Link Between Information and Decision Making »,
Accounting, Organizations and Society, 1987, 12(2), p.
153-168 ; Mirvis, P. H. et E. E. Lawler III, « Systems are
not Solutions : Issues in Creating Information Systems
that Account for the Human Organization », *Accounting, Organizations and Society*, 1983, 8(2/3), p. 175-
190 ; Preston, A., « Interactions and Arragements in
the Process of Informing », *Accounting, Organizations
and Society*, 1986, 11(6), p. 521-540 ; Solomons, D.,
« Accounting and Social Change : A Neutralist View »,
Accounting, Organizations and Society, 1991, p. 287-
295 ; Swanson, E. B., « The Two Faces of Organizational Information », *Accounting, Organizations and
Society*, 1978, 3(3/4), p. 237-246 ; Swieringa, R. J. et
K. E. Weick, « Management Accounting and Action »,
Accounting, Organizations and Society, 1987, 12(3), p.
293-308 ; Williams, P. F., « The Legitimate Concern
with Fairness », *Accounting, Organizations and Society*,
1987, 12(2), p. 169-189.

30. Voir : Amey, L. R., *Budget Planning and Control Systems*, London : Pitman, 1979 ; Beer, S., *Decision and
Control*, New York : Wiley, 1966 ; Forester, J., *The*

Impact of Feedback Control Concepts on the Management Sciences, Foundation for Instrumentation Education Research, 1960 ; Koontz, H. et R. W. Bradspies, « Managing Through Feedforward Control », *Business Horizons*, 1972, June, p. 25-36 ; Lowe, E. A., « On the Idea of Management Control System », *Journal of Management Studies*, février, 1971, p. 1-12 ; Otley, D. T. et A. J. Berry, « Control, Organization and Accounting », *Accounting, Organizations and Society*, 1981, 5(2), p. 231-244 ; Parker, L. D., « The Classical Model of Control in the Accounting Litterature », *The Accounting Historians Journal*, 13(1), p. 71-92.

31. Voir : Bromwich, M., « The Case for Strategic Management Accounting : The Role of Accounting Information for Strategy in Competitive Markets » ; Simons, R., « The Role of Management Control Systems in Creating Competitive Advantage : New Perspectives », *Accounting, Organizations and Society*, 1990, 15(1/2), p. 27-46 ; Dent, J. F., « Strategy, Organization and Control : Some Possibilities for Accounting Research », *Accounting, Organizations and Society*, 1990, 15(1/2), p. 3-25 ; Dermer, J., « The Strategic Agenda : Accounting for Issues and Support », *Accounting, Organizations and Society*, 1990, 15(1/2), p. 67-76. ; Simons, R., « The Role of Management Control Systems in Creating Competitive Advantage : New Perspectives », *Accounting, Organizations and Society*, 1990, 15(1/2), p. 127-143.

32. Voir : Birnberg, J. G., Turopolec, L. et S. M. Yong, « The Organizational Context of Accounting », *Accounting, Organizations and Society*, 1983, 8(2/3), p. 111-129 ; Burchell, S., Clubb, C., Hopwood, A., Hugues, J. et J. Nahapiet, « The Roles of Accounting in Organizations and Society », *Accounting, Organizations and Society*, 1980, 5(1), p. 5-27 ; Covaleski, M. et M. Aiken, « Accounting and Theories of Organizations : Some

Preliminary Considerations », *Accounting, Organizations and Society*, 1986, 11(4/5), p. 297-319 ; Dermer, J., « Control and Organizational Order », *Accounting, Organizations and Society*, 1988, 13(1), p. 25-36 ; Laughling, R. C., « Accounting Systems in Organizational Contexts : A Case for Critical Theory », *Accounting, Organizations and Society*, 1987, 12(5), p. 479-502 ; Macintosh, N. B. et R. W. Scapens, « Structuration Theory in Management Accounting », *Accounting, Organizations and Society*, 1990, 15(5), p. 455-477 ; Meyer, J. W., « Social Environments and Organizational Accounting », *Accounting, Organizations and Society*, 1986, 11(4/5), p. 345-356 ; Neimark, M. et T. Tinker, « The Social Construction of Management Control Systems », *Accounting, Organizations and Society*, 1986, 11 (4/5), p. 369-395 ; Puxty, A. G., Willmott, H. C., Cooper, D. J. et T. Lowe, « Modes of Regulation in Advanced Capitalism : Locating Accounting in Four Countries », *Accounting, Organizations and Society*, 1987, 12(3), p. 273-291 ; Richardson, A. J., « Accounting as a Legitimating Institution », *Accounting, Organizations and Society*, 1987, 12(4), p. 341-355 ; Roberts, John et R. Scapens, « Accounting Systems and Systems of Accountability – Understanding Accounting Practices in their Organizational Contexts », *Accounting, Organizations and Society*, 1985, 10(4), p. 443-456 ; Zald, M. N., « The Sociology of Enterprise, Accounting, and Budget Rules : Implications for Organizational Theory », *Accounting, Organizations and Society*, 1986, 11(4/5), p. 327-340.

33. Voir : Bariff, M. L., « Intraorganizational Power Considerations for Designing Information Systems », *Accounting, Organizations and Society*, 1978, 3(1), p. 15-27 ; Caron, M. A., *La Structuration de la performance : un résultat mécanique ou une construction sociale ?*, M.Sc., École des Hautes Études Commerciales de Montréal, 1993 ; Cooper, D. J. et M. J. Shierer, « The Value of Corporate Accounting Reports :

Arguments for Political Economy of Accounting », *Accounting, Organizations and Society*, 1984, 9(3/4), p. 207-232 ; Covaleski, M. A. et M. W. Dirsmith, « The Budgetary Process of Power and Politics », *Accounting, Organizations and Society*, 1986, 11(3), p. 193-214 ; Covaleski, M. A. et M. W. Dirsmith, « The Use of Budgetary Symbols in The Political Arena : An Historically Informed Field Study », *Accounting, Organizations and Society*, 1988, 13(1), p. 1-24 ; Dyckman, T. R., « The Intelligence of Ambiguity », *Accounting, Organizations and Society*, 1981, vol. 6(4), p. 291-300 ; Hines, R. D., « Financial Accounting Knowledge, Conceptual Framework Projects and the Social Construction of the Accounting Profession », *Accounting, Auditing & Accountability Journal*, 1989, 2(2), p. 72-92 ; Hoskin, K. et R. H. Macve, « Accounting and the Examination : A Geneology of Disciplinary Power », *Accounting, Organizations and Society*, 1988, 11, (2), p. 105-136 ; March, J. G., *Décisions et organisations*. Paris : Éditions d'organisation, 1991 ; Markus, M. L. et J. Pfeffer, « Power and the Design and Implementation of Accounting and Control Systems », *Accounting, Organizations and Society*, 1983, 8(2/3), p. 205-218 ; Montagna, P., « Accounting Elites and Accounting Theory », *Accounting, Organizations and Society*, 1991, 16(1), p. 93- 99 ; O'Leary, T., « Observations on Corporate Financial Reporting in the Name of Politics », *Accounting, Organizations and Society*, 1985, 10(1), p. 97-102 ; Pfeffer, J. et W. Moore, « Power in University Budgeting : a Replication and Extension », *Administrative Science Quarterly*, 1980, 25(4), p. 637-653 ; Miller, P. et T. O'Leary, « Accounting and the Construction of the Governable Person », *Accounting, Organizations and Society*, 1987, 12(3), p. 235-265 ; Pfeffer, J. et G. R. Salancik, « Organizational Decision Making as a Political Process : The Case of a University Budget », *Administrative Science Quarterly*, 1974, 19(2), p. 135-151 ; Pressman, J. et A. Wildavsky, *Implementation*,

Berkeley: University of California Press, 1973; Richardson, A. J., « Accounting Knowledge and Professional Privilege », *Accounting, Organizations and Society*, 1988, 13(4), p. 381-396; Wildavsky, A., *The Politics of the Budgetary Processes*, Boston: Little Brown, 1964; Wildavsky, Aaron et Arthur Hammond, « Comprehensive versus Incremental Budgeting in the Department of Agriculture », *Administrative Science Quarterly*, 1965, 10 (3), p. 321-346.

34. Voir: Arrington, C. E. et J. R. Francis, « Giving Economic Accounts: Accounting as Cultural Practice », *Accounting, Organizations and Society*, 1993, 18(2/3), p. 107-124; Birnberg, J. G. et C. Snodgrass, « Culture and Control: A Field Study », *Accounting, Organizations and Society*, 1988, 13(5), p. 447-464; Dent, J. F., « Accounting and Organizational Culture: A Field Study of the Emergence of New Organizational Reality », *Accounting, Organizations and Society*, 1991, 16(8), p. 705-732; Gambling, T., « Magic, Accounting and Morale », *Accounting, Organizations and Society*, 1977, 2(2), p. 141-151; Gambling, T., « Accounting for Rituals », *Accounting, Organizations and Society*, 1987, 12(4), p. 319-329; Gray, S. J., « Towards a Theory of Cultural Influence on the Development of Accounting Systems Internationally », *ABACUS*, 1988, 24(1), p. 1-15.

35. Voir: Ansari, S. et K. J. Euske, « Rational, Rationalizing, and Reifying uses of Accounting Data in Organizations », *Accounting, Organizations and Society*, 1987, 12(6), p. 549-570; Belkaoui, A., « Accounting and Language », *Journal of Accounting Litterature*, 1989, 8, p. 281-292; Belkaoui, A., « Linguistic Relativity in Accounting », *Accounting, Organizations and Society*, 1978, 3(2), p. 97-104; Boland, R. J. et L. R. Pondy, « The Micro Dynamics of a Budget-Cutting Process: Modes, Models and Structure », *Accounting, Organizations and Society*, 1986, 11(4/5), p. 403-422; Dirsmith, M., Covaleski, M. et J. McAllister, « Of Paradigms and Metaphors in Auditing Thought »,

Contemporary Accounting Research, automne, 1985, p. 46-68 ; Doucet, Y., « Arguments pour une recherche sur le signe comptable », Document de travail, *Congrès AFC*, mai 1990 ; Francis, J. R., « After Virtue ? Accounting as a Moral and Discursive Practicer », *Accounting, Auditing and Accountability*, 1990, 3(3), p. 5-17. Heath, L. C., « Accounting, Communication, and the Pygmalion Syndrome », *Accounting Horizons*, March, 1987, p. 1-8 ; Hines, R. D., « Financial Accounting : In Communicating Reality, we Construct Reality », *Accounting, Organizations and Society*, 1988, 13(3), p. 252-261 ; Lavoie, D., « The Accounting of Interpretations and the Interpretation of Accounts : The Communicative Function of Language of Business », *Accounting, Organizations and Society*, 1987, 12(6), p. 579-604 ; Nahapiet, J., « The Rhetoric and Reality of an Accounting Change : A Study of Ressource Allocation », *Accounting, Organizations and Society*, 1988, 13(4), p. 333-358. Thompson, G., « Is Accounting Rhetorical ? Methodology, Luca Pacioli and Printing », *Accounting, Organizations and Society*, 1991, 16(5/6), p. 572-599 ; Thornton, D. B., « Theory and Metaphor in Accounting », *Accounting Horizons*, décembre 1988, p. 1-9.

36. Voir : Beach, L. R. et J. R. Frederickson, « Image Theory : An Alternative Description of Audit Decisions », *Accounting, Organizations and Society*, 1989, 14(1/2), p. 101-112 ; Birnberg, J. G. et M. D. Shields, « The Role of Attention and Memory in Accounting Decisions », *Accounting, Organizations and Society*, 1984, 9(3/4), p. 365-382 ; Choo, F., « Cognitive Scripts in Auditing and Accounting Behavior », *Accounting, Organizations and Society*, 1989, 14(5/6), p. 481-493 ; Dillard, J. F., « Cognitive Science and Decision Making Research in Accounting », *Accounting, Organizations and Society*, 1984, 9(3/4), p. 343-354 ; Einhorn, H. J., « A Synthesis : Accounting and Behavioral Science », *Journal of Accounting Research*, 1976, Supplement, 196-206 ; Libby, R. et B. L. Lewis,

«Human Information Processing Research in Accounting : The State of the Art», *Accounting, Organizations and Society*, 1977, 2(3), p. 245-268 ; San Miguel, J. G., «The Behavioral Sciences and the Concepts and Standards for Management Planning and Control», *Accounting, Organizations and Society*, 1977, 2(2), p. 177-186. Shainteau, J., «Cognitive Heuristics and Biases in Behavioral Auditing : Review, Comments and Observations», *Accounting, Organizations and Society*, 1989, 14(1/2), p. 165-177 ; Waller, W. S. et W. L. Felix, «The Auditor and Learning from Experience : Some Conjectures», *Accounting, Organizations and Society*, 1984 9(3/4), p. 383-406.

37. Voir : Argyris, C., «Organizational Learning and Management Information Systems», *Accounting, Organizations and Society*, 1977, 2(2), p. 113-123 ; Argyris, C., «The Dilemma of Implementing Controls : The Case of Managerial Accounting», *Accounting, Organizations and Society*, 1990, 15(6), p. 503-511 ; Lee, T. A., «Psychological Aspects of Accounting», *Accounting and Business Research*, été 1972, p. 223-233.

38. Voir : Boland, R. J., «Accounting and the Interpretative Act», *Accounting, Organizations and Society*, 1993, 18 (2/3), p. 125-146; Boland, R. J., «Beyond the Objectivist and the Subjectivist : Learning to Read Accounting as Text», *Accounting, Organizations and Society*, 1989, 14(5/6), p. 591-604.

39. Voir entre autres : Anthony, R. N. et J. Dearden, *Management Control Systems. Text and Cases*, Homewood, Ill. : Irviwin, 1976 ; Anthony, R. N., *Planning and Control Systems. A Framework for Analysis*, Boston : Division of Research, Graduate School of Business Administration, Harvard University, 1965 ; Crôteau, O., Ouellette, L.-P., Felix, V. et H. Boisvert, Prix de revient. *Planification, contrôle et analyse des coûts*, Montréal : Éditions du Renouveau Pédagogique, 1981 ; Horngren, C. T. et G. Foster, *Cost Accounting. A*

Managerial Emphasis, Englewood Cliffs : Prentice Hall, 1962.

40. Voir entre autres : Boisvert, H., *Le Contrôle de gestion. Vers une pratique renouvelée*, Montréal : Éditions du Renouveau pédagogique, 1991 ; Boisvert, H. (éd), *Actes du colloque : La comptabilité par activités, où en sommes-nous ?* Montréal : École des Hautes Études Commerciales de Montréal, 1993 ; Cooper, R., « Does Your Company Need a New Cost System ? », *Journal of Cost Management*, été 1987, p. 43-51 ; Cooper, R., « The Rise of Activity-Based Costing, Part One », *Journal of Cost Management*, été 1988, p. 45-49 ; Cooper, R., « The Rise of Activity-Based Costing, Part Two », *Journal of Cost Management*, automne 1988, p. 41-48 ; Cooper, R., « The Rise of Activity-Based Costing, Part Three », *Journal of Cost Management*, hiver 1989, p. 34-46 ; Cooper, R., « The Rise of Activity-Based Costing, Part Four », *Journal of Cost Management*, printemps 1989, p. 38-49 ; Mévellec, P., *Outils de gestion, la pertinence retrouvée*, Paris : Éditions Malesherbes, 1991 ; Turney, P. B. B., *Common cents. The ABC Performance Breakthrough*, Hillsboro, OR : Cost Technology, 1991.

41. Boisvert, H. (éd), *Actes du colloque : De la comptabilité par activités au réaménagement des processus d'entreprise et à la gestion de la qualité totale*, Montréal : École des Hautes Études Commerciales de Montréal, 1994 ; Boisvert, H., « De la comptabilité à la gestion par activités », *Gestion*, novembre 1993 ; Lorino, P., *Le Contrôle de gestion stratégique. La gestion par les activités*, Paris : Dunod, 1991.

42. Voir en particulier : Shields, M. D. et S. M. Young, « Managing Product Life Cycle Costs : an Organizational Model », *Journal of Cost Management*, automne 1991.

43. Voir en particulier : Hammer, M. et J. Champy, *Reengineering the Corporation. A Manifesto for Business Revolution*, New York : Harper, 1993.

44. Voir : Harrington, J. H., *Le Coût de la non-qualité*, Montréal, Publi-Relais, 1991 ; Juran, J. M., *Quality Control Handbook*, New York : McGraw Hill, 1979 ; Kelada, J., *Comprendre et réaliser la qualité totale*. Montréal : Éditions Quafec, 1992.

45. Voir : Porter, M., *L'Avantage concurrentiel*, Paris : InterÉditions, 1986 ; Shank, J. K. et V. Govindarajan, « Strategic Cost Management : The Value Chain Perspective », *Journal of Management Accounting Research*, automne, 1992, p. 179-197 ; Shank, J., « Strategic Cost Management : New Wine, or Just New Bottles ? », *Journal of Management Accounting Research*, Fall 1989, p. 47-65.

46. Bescos, P.- L., Dobler, P., Mendoza, C. et G. Naulleau, *Contrôle de gestion et management*, Paris : Montchrestien, 1993.

47. Porter, M., *L'Avantage concurrentiel*, Paris : InterÉditions, 1986.

48. Koontz, H. et C. O'Donnell, *Management. Principes et méthodes de gestion*, Montréal : McGraw-Hill, 1980.

49. Cohen, M. D., March, J. G. et J. P. Olsen, « A Garbage Can Model of Organizational Choice », *Administrative Science Quarterly*, 1972, 17(1), p. 1-25.

Relever le défi de la reconstruction de la fonction finance-contrôle

par Hugues Boisvert et Marie-Andrée Caron

RÉSUMÉ

Les transformations socio-économiques produisent une scission au sein des activités comptables traditionnelles de la fonction finance-contrôle, car elles ne sont pas toutes interpellées avec la même intensité. En passant en revue différents scénarios possibles relativement à l'endroit où sera exercé le contrôle de gestion, nous constatons en fait que l'avenir de la fonction finance-contrôle se joue dans l'entreprise du XXIe siècle.

Les transformations profondes de l'environnement socio-économique frappent d'abord l'entreprise et, nous l'avons vu, atteignent ensuite la fonction finance-contrôle. Ce jeu d'influence est résumé au tableau 8.1. Du point de vue de l'environnement socio-économique, nous signalons des pressions vers le changement provenant de la mondialisation, de la concurrence accrue, de l'économie de l'information et de l'usage de nouvelles technologies d'information et de communication. L'innovation représente dorénavant un facteur clé de succès.

Ces pressions vers le changement engendrent, dans l'entreprise, l'aplatissement des structures, la responsabilisation accrue du personnel opérationnel, la réduction de la surveillance humaine au profit d'une surveillance automatisée et la gestion par processus. Ce renouvellement exerce une pression énorme sur la fonction finance-contrôle et prend la forme d'une centralisation et d'une automatisation du traitement des transactions et de la production des rapports financiers. Parallèlement, ce renouvellement se traduit par une décentralisation de la réflexion sur la gestion de la performance, afin d'obtenir dans l'ensemble une fonction à valeur ajoutée et à un coût moindre.

TABLEAU 8.1

ÉVOLUTION DE L'ENVIRONNEMENT

Concurrence accrue venant de partout
Innovation comme facteur clé de succès
Économie de l'information
Nouvelles technologies (NT)
NT d'information et de communication

RENOUVELLEMENT DE L'ENTREPRISE

Aplatissement des structures
Responsabilisation du personnel
Réduction de la surveillance humaine
Gestion par processus

FONCTION FINANCE-CONTRÔLE

Centralisation et automatisation du traitement des transactions
Décentralisation de la réflexion sur la gestion de la performance
Services à valeur ajoutée

Dans ce vaste mouvement de renouvellement, la fonction finance-contrôle doit se repositionner par rapport aux autres fonctions de l'entreprise, qui luttent pour s'approprier le contrôle de gestion, et par rapport à l'environnement externe de l'entreprise, en offrant un service à valeur ajoutée et concurrentiel.

TABLEAU 8.2

Description de la fonction finance-contrôle		
Discipline	**Activité**	**Ce qui s'y fait actuellement**
Finance et comptabilité	Traitement des transactions et rapports financiers	Données historiques et perspective de résultats financiers
Trésorerie		Procédures historiques et normalisées
Fiscalité		Cueillette et traitement des données financières internes
Vérification interne	Mesure et contrôle des risques financiers et comptables	Surveillance des règles, prévention des erreurs et des irrégularités
Contrôle de gestion	Information de gestion, partenariat d'affaires	Surveillance de l'exécution, de l'efficience des tâches et de la productivité des employés

Les pressions vers le changement

Les pressions vers le changement sont différentes dans les activités comptables plus traditionnelles (finance et comptabilité, trésorerie et vérification interne) et dans les activités de contrôle de gestion.

... dans les activités comptables plus traditionnelles

Conséquence de la compétitivité accrue issue de la mondialisation, les entreprises sont pressées de réduire leurs coûts et d'augmenter leur productivité. Elles sont pressées de réduire, voire d'éliminer les activités qui n'ajoutent pas de valeur aux yeux des clients. Or les activités de traitement des transactions, de production des rapports financiers, de mesure et de contrôle des risques financiers et comptables n'ajoutent pas de valeur aux yeux du client. Elles sont un mal nécessaire, un coût engagé pour la préservation du patrimoine. Il y a donc des pressions énormes pour réduire le coût de ces activités. Et le moyen pour y arriver est la centralisation et l'automatisation de ces activités.

... dans le contrôle de la gestion

Au XXIᵉ siècle, le contrôle de gestion sera un système d'apprentissage plutôt que de détection et de surveillance. Il ne sera plus érigé en système policier par lequel la direction surveille les gestionnaires et les employés et leur communique ses objectifs et ses plans. Il en sera ainsi parce que les entreprises n'auront plus les moyens de se payer des contrôleurs, d'autant plus que la technologie informatique et le savoir-faire permettront de surveiller l'exécution des programmes de manière beaucoup plus efficace et efficiente.

Nous résumons au tableau 8.3 l'impact des pressions menant au changement sur la reconstruction de la fonction finance-contrôle au cours des prochaines années.

TABLEAU 8.3

L'impact des pressions au changement sur :
 	
le traitement des transactions et des rapports financiers ;
 	
   Réduction des coûts
 	
   Réduction des activités sans valeur ajoutée
 	
   Recherche d'activités à valeur ajoutée
 	
le contrôle des risques financiers et comptables ;
 	
   Réduction des coûts
 	
   Recherche d'activités à valeur ajoutée
 	
l'information de gestion.
 	
   Initiatives d'amélioration continue amorcées partout dans l'organisation (à l'extérieur de la fonction finance-contrôle) afin de réduire les coûts, les délais et d'augmenter la qualité.

L'avenir de la fonction finance-contrôle

Nous illustrons au tableau 8.4 l'évolution prévue des activités de la fonction finance-contrôle en fonction des dollars dépensés actuellement (colonne de gauche) et des dollars qu'on dépensera en l'an 2000 (colonne de droite).

Les **dollars ($) dépensés** actuellement (colonne de gauche), exprimés en proportions relatives,[1] correspondent à :

- 75 % pour le traitement des transactions et la production des rapports financiers ;
- 20 % pour le contrôle des risques financiers et comptables ;
- 5 % pour l'information de gestion, et souvent un pourcentage moins élevé.

Nous y retrouvons également un bloc, identifié *Initiatives d'amélioration à l'extérieur de la fonction finance-contrôle*. Le pourcentage de 0 % signifie que ces activités se déroulent à l'extérieur de la fonction finance-contrôle, soit toutes les initiatives d'amélioration que

TABLEAU 8.4

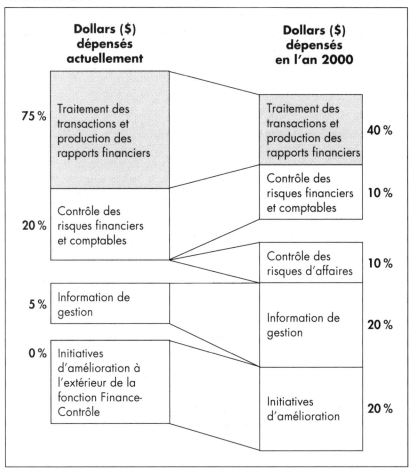

nous avons mentionnées au chapitre 2, notamment la gestion intégrale de la qualité, l'analyse comparative ou balisage, le réaménagement des processus d'entreprise, l'ingénierie simultanée et les systèmes de fabrication flexibles. Nous associons ces activités à un volet du contrôle de gestion.

Nous estimons les **dollars ($) dépensés en l'an 2000** (colonne de droite), exprimés en proportions relatives, à :

- 40 % pour le traitement des transactions et la production des rapports financiers ;
- 10 % pour le contrôle des risques financiers et comptables ;
- 10 % pour le contrôle des risques d'affaires ;
- 20 % pour la gestion de la performance ;
- 20 % pour la reconception d'entreprise et le réaménagement des processus ou toutes autres initiatives d'amélioration.

L'impact des pressions vers le changement sur les activités comptables plus traditionnelles (bloc supérieur d'activités en foncé) se traduit par une réduction des dollars dépensés en proportion relative (de 95 % à 50 %) et très certainement en dollars absolus. De plus, ces activités centralisées et automatisées seront parfois confiées à des centres de sous-traitance internes ou même externes. Ce mouvement est d'ailleurs déjà amorcé dans plus d'une entreprise. Il est une conséquence directe de l'application des nouvelles technologies de l'information, des communications ainsi que de la mise en valeur du savoir-faire en cette matière. Comme ces nouveaux systèmes informatiques sont plus fiables, plus efficaces et plus efficients, la portion de dollars consacrée au contrôle des risques financiers et comptables devrait être moindre.

L'impact des pressions vers le changement sur le contrôle de gestion (bloc inférieur d'activités en blanc) peut se traduire par différents scénarios. Si nous pouvons établir un certain consensus parmi les auteurs de ce livre sur les montants qui seront dépensés en l'an 2000 (10 % pour le contrôle de risques d'affaires, 20 % pour l'information de gestion et 20 % pour les initiatives d'amélioration), nous avons recueilli des opinions divergentes quant à l'endroit où ces activités se dérouleront. Par conséquent, *le contrôleur de gestion est à la recherche de sa demeure !* Nous avons résumé ces différents scénarios au tableau 8.5.

TABLEAU 8.5

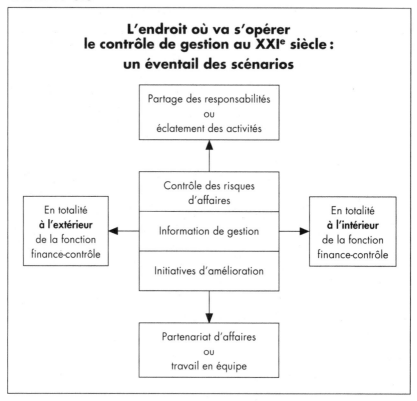

À la recherche de la demeure du contrôleur de gestion

Le contrôle de gestion comprend le contrôle des risques d'affaires, l'information de gestion et les initiatives d'amélioration. Un premier scénario (première demeure possible) consiste à le voir assumé dans sa totalité à l'extérieur de la fonction finance-contrôle. Selon ce sombre scénario, la fonction finance-contrôle serait amputée de son volet contrôle. C'est le scénario le plus pessimiste pour les comptables, celui où ces derniers deviendraient de plus en plus spécialisés dans les domaines de la sécurité des systèmes, de l'élaboration et de l'application de normes et de règles ou encore de la maîtrise des lois fiscales, donc totalement étrangers aux éléments de gestion. C'est le scénario du comptable super-technicien. Conséquemment, le contrôle des risques d'affaires serait laissé aux spécialistes de la stratégie, l'information de gestion aux gestionnaires, la performance aux spécialistes en gestion des ressources humaines (le modèle de l'entreprise du troisième type) et les initiatives d'amélioration continue, aux spécialistes de l'assurance-qualité (le modèle de la gestion intégrale de la qualité).

Un deuxième scénario (une deuxième demeure), complètement à l'opposé du premier, consiste à voir le contrôle de gestion assumé dans sa totalité à l'intérieur de la fonction finance-contrôle. C'est le scénario le plus optimiste pour les comptables, qui pourraient alors prétendre assumer seuls le leadership en matière de contrôle des risques d'affaires, d'information de gestion et d'initiatives d'amélioration de la performance des entreprises. C'est le modèle de la gestion des processus basée exclusivement sur une comptabilité par activités conçue entièrement par des comptables. C'est un modèle renouvelé de l'ordre et du calcul, celui d'une rationalité coûts/délais/qualité.

Le scénario le plus probable semble cependant se situer entre ces deux extrémités. Il peut prendre alors deux formes : celui d'un partage des responsabilités en matière de contrôle de gestion (ou éclatement des activités) ou encore celui d'un partenariat (ou travail en équipe).

Les grandes organisations bureaucratiques, structurées par fonction, subiront des pressions organisationnelles qui les amèneront à opter pour un partage des activités, par exemple le contrôle des risques d'affaires au sein d'une fonction finance-contrôle reconstituée, et les autres activités d'information de gestion et initiatives d'amélioration décentralisées aux autres fonctions. C'est le troisième scénario (en haut du tableau).

Par ailleurs, la forme qui nous paraît la plus cohérente avec l'entreprise renouvelée, caractérisée par l'aplatissement des structures et la responsabilisation des gestionnaires, est celle du partenariat. Selon ce dernier scénario, le contrôleur devient un partenaire des gestionnaires, tout comme le navigateur fait équipe avec le capitaine. Il anime la démarche d'analyse des stratégies d'affaires. Il informe les gestionnaires des résultats prévus, tant qualitatifs que quantitatifs. Une fonction finance-contrôle sentinelle conserve son volet contrôle de gestion et le pratique sous la forme d'un partenariat d'affaires avec les autres fonctions de l'entreprise, toutes attentives aux aléas de l'environnement.

Où logera le contrôleur de gestion au XXIᵉ siècle ? Probablement en différents endroits selon les types d'entreprise. La question n'est donc pas de chercher à savoir lequel de ces scénarios est le plus susceptible de se réaliser, mais de déterminer celui qui recueillera le plus d'adeptes.

Les enjeux

Nous allons considérer tour à tour les enjeux liés au repositionnement de la fonction finance-contrôle dans l'entreprise, ceux liés à l'ouverture sur l'environnement et enfin ceux liés aux habiletés requises des acteurs qui concrétiseront ce repositionnement. Ces enjeux de la reconstruction de la fonction finance-contrôle sont résumés au tableau 8.6.

Le repositionnement de la fonction finance-contrôle

Nous allons aborder le repositionnement par rapport aux autres fonctions de l'entreprise et par rapport au caractère *staff ou line*, c'est-à-dire par rapport à la technostructure ou au cœur opérationnel.[2]

Le bloc d'activités comptables liées au traitement des transactions, à la production des rapports financiers et aux contrôles financiers et comptables est certainement destiné à la technostructure (activité *staff*). Il est même sujet à l'impartition et au temps partagé avec

TABLEAU 8.6

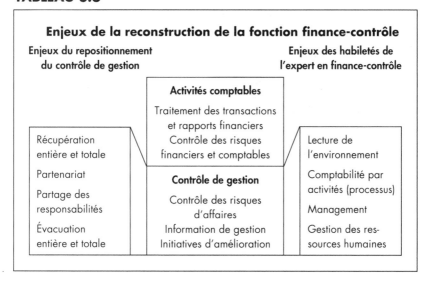

Enjeux de la reconstruction de la fonction finance-contrôle

Enjeux du repositionnement du contrôle de gestion	Activités comptables	Enjeux des habiletés de l'expert en finance-contrôle
	Traitement des transactions et rapports financiers	
Récupération entière et totale	Contrôle des risques financiers et comptables	Lecture de l'environnement
Partenariat	**Contrôle de gestion**	Comptabilité par activités (processus)
Partage des responsabilités	Contrôle des risques d'affaires	Management
Évacuation entière et totale	Information de gestion	Gestion des ressources humaines
	Initiatives d'amélioration	

d'autres utilisateurs. Selon Alain Quenneville (chapitre 3), le traitement des transactions comptables, devenu une véritable usine faisant même à l'occasion l'objet d'un service partagé, maintiendra un lien *line* avec la production et sera la propriété des départements-clients. Il y aura centralisation du traitement des transactions financières pour en retourner ensuite l'appropriation aux gestionnaires opérationnels.

Par ailleurs, le bloc d'activités liées au contrôle de gestion semble destiné au cœur opérationnel. Plusieurs auteurs prévoient une décentralisation de la réflexion sur la gestion. Alain Quenneville affirme qu'un stage dans la production, de la part des financiers, permettrait à ces derniers de mieux comprendre les affaires dans leur entreprise. Hugues Boisvert mentionne que la majorité des initiatives majeures d'amélioration de la performance proviennent actuellement de l'extérieur de la fonction finance-contrôle. En contrepartie, il souligne le caractère incomplet de ces démarches parce qu'elles ignorent souvent la dimension coûts. Il souligne également que les nouveaux savoir-faire en matière de comptabilité par processus favorisent le dialogue entre comptables et gestionnaires et suscite un partenariat (travail en équipe) dans la poursuite de l'excellence. Marcel Côté (chapitre 6) insiste sur la nécessité de rapprocher la pensée et l'action. Cela demande de repositionner l'apport d'une fonction finance-contrôle qui se veut réflexive aux yeux des départements engagés dans l'action.

Luc Martin (chapitre 3) affiche une position plus nuancée. Pour lui, le rôle de partenariat d'affaires de la fonction finance-contrôle se veut un rôle d'assistance auprès des clients internes de l'entreprise, c'est-à-dire les gestionnaires opérationnels. Cela consiste à s'assurer que ces derniers ne prennent pas de risques excessifs ; le rôle de la fonction finance-contrôle équivaudra alors à un contrôle des risques d'affaires. Il souligne l'importance de sensibiliser, voire d'éduquer, les gestionnaires opérationnels à la dimension coûts, afin de leur permettre de prendre des décisions dépourvues de risques excessifs pour l'entreprise.

L'ouverture sur l'environnement

Nous ne pouvons parler du rôle de **sentinelle**[3] sans aborder la relation de la fonction finance-contrôle avec l'environnement de l'entreprise. D'abord, nous l'avons vu, les pressions vers le changement proviennent de transformations socio-économiques importantes. Reste à voir maintenant la réflexion que s'apprête à faire la fonction finance-contrôle à l'égard de cet environnement changeant.

Marcel Côté nous fait prendre conscience du caractère hostile, incertain et hétérogène de l'environnement. L'environnement est explosif, au sens où coexistent plusieurs sources de changement. Réfléchir à son rapport avec l'environnement signifie, pour l'entreprise, préciser sa mission et ses objectifs et concevoir les stratégies devant en découler. Suivent ensuite la mise en œuvre et les résultats. La fonction finance-contrôle a été traditionnellement présente dans l'évaluation des résultats quantitatifs et dans l'établissement de plans, de programmes et de budgets assurant la mise en œuvre des stratégies. Marcel Côté déplore cependant son absence dans l'élaboration des stratégies et dans l'interprétation des résultats qualitatifs, indispensable à un positionnement mondial de l'entreprise. Hugues Boisvert souligne l'importance pour la fonction finance-contrôle de s'ouvrir vers l'extérieur si elle veut agir à titre de navigateur de l'entreprise.

Les habiletés requises des acteurs du repositionnement

Hugues Boisvert affirme que les comptables possèdent un atout majeur dans leur jeu pour assumer le repositionnement de la fonction finance-contrôle. Ils maîtrisent les données financières. S'ils délaissent leur rôle de commandant coupant les coûts (et les cous !) au profit d'un rôle de sentinelle capable de prévoir les aléas de l'environnement et s'ils apprennent le management à l'aide d'une formation appropriée, ils pourront assumer le leadership de la reconstruction de la fonction finance-contrôle. Les gestionnaires opérationnels cherchent eux aussi à prévoir les changements dans l'environnement susceptibles de les toucher. Ils pourront également s'approprier le contrôle de gestion s'ils s'initient à la comptabilité. Selon Alain Quenneville, le débat est lancé, et le personnel de la fonction finance-contrôle devra compétitionner avec les gestionnaires des autres fonctions pour déterminer celui qui est le mieux placé pour concevoir un système d'indicateurs tenant compte des aléas d'un environnement mouvant.

Les enjeux sont d'autant plus sérieux que le rôle de sentinelle de la fonction finance-contrôle du XXIe siècle implique un repositionnement de l'importance relative et du rôle respectif de chacune des autres fonctions, soit la production, le marketing et la recherche et le développement. Donner trop d'envergure à une de ces fonctions au détriment des autres peut entraîner des conséquences dramatiques sur l'ensemble de l'entreprise. Ces conséquences sont aggravées par le noyautage du monde des affaires au sein d'un environnement voué à l'instabilité. La fonction finance-contrôle peut, de par sa position neutre dans la conception, la fabrication et la vente d'un produit ou d'un service, jouer un rôle déterminant dans la performance de l'entreprise, à condition qu'elle acquière et applique des connaissances lui permettant de concevoir l'entreprise comme un tout. Cela exige de réunir la pensée et l'action, tout en gardant, au sein de l'entreprise, une entité capable de prévoir les changements environnementaux, puis de remettre en question l'apport relatif de chacune des autres fonctions. Tel est le défi d'une fonction finance-contrôle en quête d'une nouvelle identité, et en voie de devenir une sentinelle au service de l'entreprise.

NOTES ET RÉFÉRENCES

1. Les pourcentages dans la colonne de gauche correspondent à ceux fournis par Luc Martin, associé chez Arthur Andersen & Cie, Montréal.

2. Mintzberg, Henry, *Structure et dynamique des organisations*, *Les Éditions d'organisation*, *Les Éditions Agence d'Arc*, 1982, p. 49.

3. René Garneau proposait d'utiliser le mot « éclaireur » plutôt que « sentinelle » afin de mettre davantage l'accent sur la nécessité de scruter l'environnement, l'éclaireur étant celui qui va prospecter le terrain, qui est à l'avant-garde.

COLLECTION ENTREPRENDRE

En affaires à la maison
Le patron, c'est vous!
Yvan Dubuc et Brigitte Van Coillie-Tremblay

26,95 $
344 pages, 1994

Le Marketing et la PME
L'option gagnante
Serge Carrier

29,95 $
346 pages, 1994

Développement économique
Clé de l'autonomie locale
Sous la direction de Marc-Urbain Proulx

29,95 $
368 pages, 1994

Votre PME et le droit (2ᵉ édition)
Enr. ou inc., raison sociale, marque de commerce...
et le nouveau *Code Civil*
Michel A. Solis

19,95 $
136 pages, 1994

Mettre de l'ordre dans l'entreprise familiale
La relation famille et entreprise
Yvon G. Perreault

19,95 $
128 pages, 1994

Pour des PME de classe mondiale
Recours à de nouvelles technologies
Sous la direction de Pierre-André Julien

29,95 $
256 pages, 1994

Famille en affaires
Pour en finir avec les chicanes
Alain Samson en collaboration avec Paul Dell'Aniello

24,95 $
192 pages, 1994

Comment trouver son idée d'entreprise
Découvrez les bons filons
Sylvie Laferté

19,95 $
160 pages, 1993

Profession : entrepreneur
Avez-vous le profil de l'emploi?
Yvon Gasse et Aline D'Amours

19,95 $
140 pages, 1993

Entrepreneurship et développement local
Quand la population se prend en main
Paul Prévost

24,95 $
200 pages, 1993

L'entreprise familiale (2ᵉ édition)
La relève, ça se prépare!
Yvon G. Perreault

24,95 $
292 pages, 1993

le crédit en entreprise
pour une gestion efficace et dynamique
Pierre A. Douville

19,95 $
140 pages, 1993

Entrepreneurship technologique
21 cas de PME à succès
Roger A. Blais et Jean-MarieToulouse

29,95 $
416 pages, 1992

La Passion du client
Viser l'excellence du service
Yvan Dubuc

19,95 $
210 pages, 1993

Devenez entrepreneur
Pour un Québec plus entrepreneurial
Paul-A. Fortin

27,95 $
360 pages, 1992

Le Secret de la croissance
4 défis pour l'entrepreneur
sous la direction de Marcel Lafrance

19,95 $
272 pages, 1991

Correspondance d'affaires
Règles d'usage françaises et anglaises
et 85 lettres modèles
Brigitte Van Coillie-Tremblay, Micheline Bartlett
et Diane Forgues-Michaud

24,95 $
268 pages, 1991

Relancer son entreprise
Changer sans tout casser
Brigitte Van Coillie-Tremblay

24,95 $
162 pages, 1991

Autodiagnostic
L'outil de vérification de votre gestion
Pierre Levasseur, Corinne Bruley et Jean Picard

16,95 $
146 pages, 1991